Komplexität verstehen, beherrschen, gestalten

Harald G. Grohganz

Komplexität verstehen, beherrschen, gestalten

Denkanstöße für Manager
und Unternehmer

Harald G. Grohganz
Visionsberatung GmbH
Sankt Augustin, Deutschland

ISBN 978-3-662-69910-2   ISBN 978-3-662-69911-9   (eBook)
https://doi.org/10.1007/978-3-662-69911-9

Die Deutsche Nationalbibliothek verzeichnet diese Publikation in der Deutschen Nationalbibliografie;
detaillierte bibliografische Daten sind im Internet über https://portal.dnb.de abrufbar.

Planung/Lektorat: Mareike Teichmann
Springer Gabler ist ein Imprint der eingetragenen Gesellschaft Springer-Verlag GmbH, DE und ist ein
Teil von Springer Nature.
Die Anschrift der Gesellschaft ist: Heidelberger Platz 3, 14197 Berlin, Germany

Vorwort

»Was ist eigentlich diese Komplexität, von der du immer sprichst?«

Diese Frage stellte mir ein Kollege während meiner Zeit als Teamleiter in einer mittelständischen IT- und Unternehmensberatung. Komplexitätsmanagement war mein Thema, ich analysierte und optimierte komplexe Systeme bei Automobilherstellern, Produktionsunternehmen, Logistikern, Wirtschaftsprüfern, auch Unternehmen aus der Pharma- und Versicherungsbranche waren darunter. Dabei folgte ich stets dem Ziel, Komplexität nicht der Mode nachgebend um jeden Preis zu reduzieren, sondern sie bewusst einzusetzen und wo immer möglich aktiv zu nutzen.

Zu dem Zeitpunkt konnte ich allerdings noch nicht präzise in Worte fassen, was genau diese Komplexität nun eigentlich ist. Es ist so ein Wort, das alle zu kennen glauben, es wird im Alltag inflationär und nicht sehr trennscharf verwendet. Dinge sind komplex, Menschen sowieso, und alles, was mir gerade zu mühsam erscheint, ist es auch. Eine hervorragende Ausrede, sich um Klarheit zu drücken: »Weißt du, es ist halt komplex.« Dieser Satz, sicher vorgetragen – und der Punktsieg im argumentativen Schlagabtausch ist zum Greifen nahe!

Komplexität ist wahrhaftig überall, und doch so schwer zu fassen. Ihre Auswirkungen hingegen sind deutlich klarer, diese bemerken wir ständig und zumeist schmerzlich. An den verrücktesten Stellen und in unzähligen Situationen finden sich ähnliche Muster, die aber alle auf dieselbe Ursache zurückgehen: Unverstandene, unbeherrschte Komplexität.

Mit diesem Buch möchte ich den Blick für echte Komplexität schärfen, ihre Ursachen und Hintergründe beleuchten sowie meine Erfahrungen zum Umgang mit ihr weitergeben. Diese basieren nicht nur auf fast einem Jahrzehnt Erfahrung in der Beratung mittelständischer Unternehmen und Großkonzerne zum Thema Komplexität, sondern auch meine Erfahrungen aus der vorangegangenen Promotion in Information Retrieval sowie dem Diplomstudium in Mathematik davor haben mich gelehrt, Komplexität nicht zu unterschätzen.

Viele Themen können aufgrund des Formats nur angeschnitten werden, manche Thesen muss ich so in den Raum stellen, ohne sie ausführlich diskutieren zu können. Fühlen Sie sich ermutigt, mir zu widersprechen!

Beim Schreiben dieses Buches haben mich zahlreiche Menschen direkt oder indirekt unterstützt, denen ich an dieser Stelle herzlich für ihre konstruktiven Anmerkungen, die Rückfragen und Denkansätze sowie die unzähligen spannenden Diskussionen danken möchte! Mein Dank gilt vor allem Melanie, Corinna, Raphael, Richard, Volker, Martin, Thekla, Michael, Felix, Lara, Rebecca, Daniel, Sebastian, Armin sowie allen meinen Kunden und Kollegen.

Ich hoffe und wünsche Ihnen als Leser, dass Sie aus dem Buch und der begleitenden Website komplex.grohganz.com Nutzen ziehen können. Dass Sie die charakteristischen Muster der Komplexität zukünftig leichter erkennen, und die sicherlich bereits unbewusst verwendeten Techniken zum Umgang mit ihr weiter ausbauen können. Dabei wünsche ich Ihnen viel Erfolg – und viel Vergnügen bei der Lektüre!

Sankt Augustin   Dr. Harald G. Grohganz
im Mai 2024

Inhaltsverzeichnis

Teil I

Komplexität in der Theorie

1

Einführung und Begriffe

Das Wort Komplexität begegnet uns in vielen Kontexten und zumeist ohne klare Abgrenzung gegenüber anderen Begriffen wie etwa Schwierigkeit, Kompliziertheit, Umständlichkeit, auch Vielfalt oder Verwobenheit. Viele Situationen, Begebenheiten oder Systeme werden als »komplex« beschrieben, oftmals ohne genaue Erklärung, was dieses Wort eigentlich bedeutet.

In diesem Kapitel schauen wir uns einige Verwendungen des Begriffs »Komplexität« in verschiedenen Bereichen an und lernen die hierarchische Natur komplexer Systeme kennen. Anschließend unterscheiden wir zwischen natürlicher und künstlicher Komplexität, bevor zum Abschluss der Unterschied zwischen Komplexität und Kompliziertheit erläutert wird.

1.1 »Es kommt darauf an«

Wer von Ihnen schon einmal die Hilfe eines professionellen Beraters in Anspruch genommen hat, ganz egal ob aus der Informationstechnologie, der Unternehmensstrategie oder aus einem juristischen Fachgebiet, der wird ziemlich sicher auch diesen Satz gehört haben: *Es kommt darauf an.* Bevorzugt als Antwort auf eine scheinbar banale Fragestellung, etwas, von dem man glaubte, dass ein Fachexperte es in Windeseile lösen können sollte. Mit diesem Satz wurde man unwillig eines Besseren belehrt. *Es kommt darauf an.* Aber worauf denn? Auf zahlreiche Kleinigkeiten, deren Beachtung man selbst nicht als notwendig erachtete und denen der angeheuerte Fachexperte eine fast schon unanständige Wichtigkeit zu geben pflegt. Mit steigender Expertise des Problemlösers schwindet die Einfachheit des Problems, und alles ist irgendwie »komplex«.

Komplexität ist so ein typischer Mode-Begriff, ein Joker im Bullshit-Bingo der modernen Wirtschaft, die Universalerklärung, warum es grundsätzlich länger dauert, teurer wird und am Ende doch nicht ganz den Erwartungen des Kunden entspricht. Ein Reizwort. Und doch ein Wort, das wenig Widerspruch auslöst. Wir haben uns daran gewöhnt, die Welt ist nun mal komplex, und wer das leugnet, hat es nur noch nicht begriffen. Oder ist ein Populist, der bewusst seine Kunden (oder Wähler) für dumm verkaufen möchte. Oder beides.

In IT-Kreisen kursiert ein Sprichwort: »Irren ist menschlich, aber um richtig Mist zu bauen, braucht man einen Computer.« Computer sind eng mit Komplexität verbunden. Sie waren ursprünglich konzipiert zur Lösung spezieller Probleme und haben sich zum Universalwerkzeug zur Beherrschung von Komplexität entwickelt. Die Automatisierung wiederkehrender Aufgaben, komplizierter Berechnungen oder einfach von Tätigkeiten mit hohem manuellem Aufwand ermöglichen Dinge, die noch vor wenigen Jahrzehnten undenkbar erschienen. Kommunikation, Logistik, unser gesamtes Wirtschafts- und Finanzsystem wären ohne sie nicht denkbar. Sie eröffnen stets neue Möglichkeiten, bislang undenkbare Herangehensweisen und erzeugen dadurch – quasi als Nebeneffekt – stets weitere Komplexität. Diese Spirale sorgt dafür, dass die Komplexität so stark anwächst, dass sie nur durch Computer kontrolliert werden kann, wenn überhaupt.

Somit hat sich Komplexität, obwohl so alt wie die Zivilisation selbst, zu dem grundlegenden Phänomen des 21. Jahrhunderts entwickelt. Ganze Wirtschaftszweige haben sich rund um den Einsatz des Computers gebildet, und die überwiegende Mehrzahl der Verwaltungstätigkeiten besteht heutzutage im Ausfüllen diverser Eingabemasken verbunden mit dem wiederkehrenden Wechselbad der Gefühle – von Unverständnis über Wut bis hin zur Resignation – wenn interne Prüfroutinen die gewünschte Eingabe mit stoischer Gelassenheit abzulehnen pflegen. Was der Computer nicht vorsieht, geht nicht. Die Sinnfrage zu stellen, erweist sich dabei als sinnlos.

Und doch ist trotz aller Widrigkeiten eine Effektivitätssteigerung gegenüber den alten Prozessen zu beobachten, bei denen der Mensch noch maßgebliches Element der Bewertung zwischen Sinn und Unsinn war. Folglich sind alle Fehler menschengemacht. Da der Mensch aber keine Fehler mehr machen soll, wird ihm systemseitig die Freiheit genommen, welche zu machen. Er ist zur Bioschnittstelle geworden, einer Übersetzungseinheit zwischen Realität und dem sich seine eigene Realität schaffenden Computersystem, oder gleich zwischen den Systemen selbst. Hand hoch, wer noch nie Inhalte von einem Programmfenster abgeschrieben und in ein anderes eingefügt hat. Hier beobachten wir zwei gegenläufige Anforderungen: Einerseits braucht es mehr Flexibilität, die aktuell nur der Mensch leisten kann, und andererseits ist genau dieser Mensch zur virtuellen Fließbandarbeit abkommandiert.

Spricht man mit den Entwicklern solcher Systeme, ob hier nicht zumindest in eine der beiden Richtungen programmtechnisch Abhilfe geschaffen werden kann, so landen wir wieder beim bekannten »Es kommt darauf an«. In diesem Fall auf die Spezifikation der Geschäftsprozesse, also der Komplexität, die dadurch entsteht, wenn ein weiterer Anwendungsfall, ein weiteres System, eine weitere Automatisierung oder eine weitere Eingriffsmöglichkeit in den bestehenden Pool der bereits existierenden digitalen Helfern integriert werden muss. Viele der gut gemeinten Verbesserungen müssen auf dem Altar der Komplexität geopfert werden, um andernorts zumindest ein paar Fortschritte zu erzielen. Priorisierung. Für den genervten Anwender auch eine gute Gelegenheit zur Übung gewaltfreier Frustrationsbewältigungs-Strategien.

Komplexität, genauer: Komplexitäts-*Management,* wird daher oft synonym verwendet mit Komplexitäts-*Reduktion.* Dem mehr oder weniger kontrollierten Abbau von Komplexität. »Historisch gewachsen« wird dabei als nettes Synonym verwendet, eigentlich will man sagen: Das ganze alte Zeug ist nicht mehr zu retten, muss weg. Das Unternehmen ist in Starrheit gefangen, steht wie der Ochs vorm Komplexitäts-Berg. Das in Prozessen, Vorgaben, Routinen, Programmcode zementierte Wissen ist veraltet, unnütz, innovationshemmend. Der Weg ist dabei nicht weit, diesen Gedanken auch auf die Wissensträger selbst ausweiten.

Und auch hier: Es kommt darauf an. Ja, viele Prozesse sind nicht mehr zeitgemäß, überladen, umfassen Redundanzen, tragen unnötigen Ballast. Bedienen weggefallene Anforderungen. Liebgewonnene Gewohnheiten statt notwendiger Effizienz. Und sie binden Arbeitskraft, die andernorts besser eingesetzt werden kann. Reduktion ist eine zentrale Strategie, um mit Komplexität umzugehen. Und dennoch zumindest in dieser plumpen Einfachheit nicht das ersehnte Allheilmittel.

Denn Komplexität selbst ist nichts Schlechtes, was um jeden Preis eingedämmt oder gar bekämpft werden muss. Ohne sie geht es nicht. So benötigen Geschichten, gleich ob in Form eines Buches, eines Filmes oder einer Erzählung, einen der Situation und des Publikums angemessenen Anspruch an Tiefe, Vielfältigkeit, Abwechslung und auch Anforderung, um nicht langweilig und vorhersehbar zu sein. Dasselbe gilt für Musik und jede andere Kunstform: Die Mischung aus Gewohntem oder Vorhersehbarem gibt uns eine bekannte Struktur an die Hand und lässt uns Orientierung finden. Dahingegen sind die wirklich interessanten Aspekte oftmals die Neuerungen, das Ungewohnte, das Unerwartete: Ein geistreiches Zitat, eine überraschende Wendung, ein geschickt integriertes Motiv – alles Beispiele einer Komplexität, die das Kunstvolle in der Kunst ausmacht.

In den Geschäftsprozessen ist es das oben so hart kritisierte historische Wissen, welches jedes Unternehmen an die Stelle gebracht hat, an der es heute steht. Es einfach über Bord zu werfen, kann heißen, den eigenen Wettbewerbsvorteil aufs Spiel zu setzen. Der eigenen Musik die Seele zu rauben und beliebig, austauschbar, unwichtig zu werden.

Komplexität zu beherrschen oder zu gestalten, heißt in erster Linie, Komplexität zuerst zu verstehen. Daher schauen wir uns im Folgenden an, was wir alles unter Komplexität zusammenfassen und welche gemeinsamen Muster wir beobachten können.

1.2   Was ist Komplexität?

Das Wort Komplexität wird sowohl umgangssprachlich als auch wissenschaftlich in verschiedenen Kontexten verwendet. Daher ist es nicht einfach, eine allgemeingültige Definition für Komplexität anzugeben. Im Gabler Wirtschaftslexikon (Feess, 2018) finden wir:

1. Begriff: Gesamtheit aller voneinander abhängigen Merkmale und Elemente, die in einem vielfältigen aber ganzheitlichen Beziehungsgefüge (System) stehen. Unter Komplexität wird die Vielfalt der Verhaltensmöglichkeiten der Elemente und die Veränderlichkeit der Wirkungsverläufe verstanden. *2. Merkmale:* Komplexität ist durch Anzahl und Art der Elemente und deren Beziehungen untereinander bestimmbar. Komplexe Prozesse weisen eine *Eigendynamik* auf und sind meist irreversibel, sodass Handlungen nicht rückgängig gemacht werden können. Wichtigstes Merkmal komplexer Situationen ist die *Intransparenz* für den Entscheider: Er hat keine Möglichkeit, das Netzwerk zirkulärer Kausalität intuitiv zu erfassen, keine Möglichkeit exakter Modellierung und exakter Prognosen, er muss mit Überraschungen und Nebenwirkungen rechnen. Der Umgang mit komplexen Systemen erfordert ein hohes Maß an Wissen über die kausalen Zusammenhänge der Systemelemente (Art der Vernetzung) und die Fähigkeit, Komplexität auf wenige Merkmale und Muster zu reduzieren (Komplexitätsreduktion).

Basierend auf dieser Definition ist Komplexität durch mehrere Dinge gekennzeichnet:

- Es gibt ein System, innerhalb dessen Elemente/Merkmale miteinander in Beziehung stehen.
- Die Elemente haben mehrere Möglichkeiten, aufeinander zu wirken – und diese Wirkungsmechanismen sind veränderlich.
- Typisch ist die Eigendynamik, d. h. die o. g. Veränderlichkeit der Wirkungen innerhalb des Systems.
- Dies führt zur Intransparenz, das Verhalten des Systems ist nicht mehr verständlich, weder direkt durch Intuition noch indirekt durch Modellierung.

• Durch Komplexitätsreduktion ist diese Eigendynamik zumindest teilweise kontrollierbar, hierbei spielt Kausalität eine wichtige Rolle.

Grob bezieht sich Komplexität darauf, wie schwer es ist, ein System zu verstehen oder zu beschreiben. Die Wechselwirkungen sind oftmals nicht-linear, eine auch nur geringfügige Vergrößerung des Systems kann eine unkontrollierte Vielzahl zusätzlicher Verknüpfungen bedeuten. Die Effekte sind also schwer bis unmöglich vorhersehbar.

>> *Komplexe Systeme enthalten mehr Verknüpfungen zwischen Elementen, als sich sinnvoll erfassen und verarbeiten lassen.*

In der Philosophie und Psychologie gibt es den Begriff der *Emergenz* für Charakteristika eines Systems, die nicht direkt auf die Eigenschaften der Einzelteile zurückzuführen sind, sondern durch die Interaktionen dieser Teile entstehen. Diese Teile werden je nach Kontext auch als »Agenten« bezeichnet und können beispielsweise Computeralgorithmen, individuelle Teilchen in einem physikalischen System, Neuronen im Gehirn oder auch Menschen in sozialen Netzwerken sein.

Im mathematischen Kontext und der Informatik beschreibt Komplexität die Anzahl von Berechnungsschritten oder Ressourcen, die notwendig sind, um ein Problem zu lösen. Dies kann durch algorithmische Komplexität gemessen werden, die den Aufwand zur Lösung einer Aufgabe im Bezug zur Größe der Eingabe setzt. Das heißt, eine Vergrößerung der Eingabe, etwa die Länge eines Textes, die Größe einer Zahl oder die Anzahl von Parametern, wird mit der Verlängerung der Laufzeit und der Erhöhung des Speicherverbrauchs eines Computerprogramms verglichen. Bei »einfachen« Problemen steigt dieser Aufwand meist nur linear, bei »schwierigen« Problemen typischerweise exponentiell.

Ein anschauliches Beispiel für die praktische Nutzung dieser Komplexität ist die Verschlüsselung mit den sogenannten Public-Key-Verfahren. Bei der klassischen Verschlüsselung ist zum Ver- und Entschlüsseln die Kenntnis desselben Schlüssels notwendig, was eine sichere Umgebung für den Austausch dieses Schlüssels benötigt. Die modernen asymmetrischen Verfahren umgehen dies, indem sie für die Verschlüsselung einen öffentlichen, für die Entschlüsselung hingegen einen privaten Schlüssel verwenden. Dies funktioniert nur, weil zwar die Erzeugung des öffentlichen Schlüssels aus dem geheimen Schlüssel ein sehr leichtes Problem ist und dieser daher schnell und einfach berechnet werden kann, umgekehrt jedoch die Berechnung des geheimen Schlüssels aus dem öffentlichen Schlüssel trotz genauer Kenntnis der Methodik nach aktuellem Kenntnisstand mehrere Jahrhunderte dauern würde und damit praktisch unmöglich ist. Für einen kurzweiligen Einstieg in das Thema *Kryptographie* empfehle ich (Singh, 2001).

Eine besondere Relevanz haben komplexe Systeme, die kurz vor einem totalen Zusammenbruch der Kontrolle stehen. Diese sind oftmals das Ergebnis mehrfach iterierter Optimierungsprozesse, bei denen versucht wurde, Systeme beispielsweise auf maximale Skalierbarkeit oder Effizienz zu trimmen. Dieses Phänomen, am Kipppunkt zum absoluten Kontrollverlust zu stehen, nennt man auch »edge of chaos« (Dittes, 2021). Chaos bezieht sich hier auf ein sogenanntes chaotisches System, welches dadurch gekennzeichnet ist, dass sich die Wechselwirkungen seiner Elemente gegenseitig extrem stark aufschaukeln können. Beispiele für chaotische Systeme sind etwa das Wetter mit dem bekannten »Schmetterlingseffekt« oder ein einfaches Doppelpendel – also ein Pendel, an dessen losem Ende ein zweites Pendel befestigt ist. Bei diesem führt eine minimale Abweichung in der Startkonfiguration nach wenigen Pendelbewegungen zu einem völlig anderen Bewegungsmuster und erweckt leicht den Eindruck von Zufälligkeit, obwohl es sich um eine streng deterministische Bewegung handelt.

Aber auch im Alltag sind wir mit Komplexität konfrontiert, so ist unsere Umwelt bereits ein hochkomplexes System. Unser Gehirn ist normalerweise ein sehr effizienter Filter und lässt nur sehr wenig von dieser Komplexität in unser Bewusstsein. Hierzu nutzt es Gewohnheiten und das sogenannte mechanische Gedächtnis. Nachdem wir es einmal gelernt haben, können wir – ohne Probleme und ohne darüber nachzudenken – laufen oder eine Treppe steigen. Letzteres zumindest bei modernen, genormten Treppen, die wir aus unserem Alltag gewohnt sind. Besichtigen wir nun aber beispielsweise eine alte Burg mit steilen und unterschiedlich hohen Stufen, so müssen wir uns darauf konzentrieren und die Anstrengung steigt spürbar. Mit dem Auto den täglichen Weg zur Arbeit bewältigen, Filme in einer Fremdsprache anschauen, tanzen oder ein Instrument spielen, sogar in bekannten Situationen sozial adäquat interagieren – all das benötigt anfangs viel Aufmerksamkeit, gelingt uns aber mit zunehmender Übung mühelos.

In der Neurowissenschaft ist das ein bekanntes Phänomen: Unser Gehirn ist sehr gut darin, bekannte Bewegungs- und Handlungsmuster abzuspeichern und bei Bedarf unbewusst abzurufen. Alles Neue hingegen, jede potenzielle Gefahr, benötigt – und erhält – erhöhte Aufmerksamkeit, vgl. etwa (Urner, 2019). Komplexität ist anstrengend!

1.3   Hierarchie und Umfelder komplexer Systeme

Die Betrachtung eines abgeschlossenen Systems ist in gewisser Hinsicht subjektiv: Was genau wird als System betrachtet, was sind die Komponenten bzw. Agenten, was sind die Interaktionen?

So mag ein Autofahrer sein Fahrzeug als ein komplexes System empfinden, welches aus einer Vielzahl technischer Komponenten besteht, wie etwa dem Motor, dem Lenkrad oder dem jetzt gerade als ungemütlich empfundenen, weil falsch eingestellten Fahrersitz. Für den Mechaniker in der Werkstatt hingegen ist bereits der Motor ein hinreichend komplexes System, und für den Verkehrsplaner ist dieses Auto als solches nur eines von unzähligen Agenten, das beispielsweise an der Bildung eines Verkehrsstaus beteiligt ist.

Diese Systeme bilden also eine Art Hierarchie, bei dem die Komponenten des übergeordneten Systems selbst (beliebig komplexe) Systeme sein können. Bei der Analyse komplexer Systeme und insbesondere bei der Kommunikation ist hier also besondere Vorsicht geboten, die Wahl der richtigen »Flughöhe« kann entscheidend sein: Je nach Situation kann ist eine hohe Detailtiefe nötig sein und jede Form der Oberflächlichkeit wäre bestenfalls fahrlässig – an anderer Stelle wird durch das Weglassen von Details ein scheinbar absolutes Chaos zu einer gut zu bewältigen Aufgabe. Oft sind in einem Projekt die verschiedenen

Detailstufen verschiedenen Rollen zugeordnet, was die gedankliche Flexibilität in so mancher Interaktion auf die Probe zu stellen vermag.

Weiterhin sind nahezu alle Systeme als Teil unserer Realität in ihr Umfeld eingebunden. Wollen wir nun die Auswirkungen eines Systems untersuchen, bietet es sich nach meiner Erfahrung an, die Interaktionsmöglichkeiten des Systems mit diesem Umfeld zu bestimmen und grob nach Ursachen (Eingaben) und Wirkungen (Ausgaben) zu klassifizieren.

Die Ursachen sind dabei typischerweise Eigenschaften des Umfelds, die zwar außerhalb der Wirkungsweisen des betrachteten Systems liegen, aber über die Wirkungsverläufe die Elemente und Merkmale innerhalb des Systems maßgeblich bestimmen. Bei Geschäftsprozessen sind dies etwa gesetzliche Vorgaben, organisatorische Rahmenbedingungen, technische Möglichkeiten oder auch die Unternehmenskultur. In Produktionsprozessen kommen Qualitätsstandards, logistische Rahmenbedingungen und die Eigenschaften des zu verarbeitenden Materials hinzu. Beim Produktportfolio sind es Marktanforderungen, Markenpositionierung und Kostenvorgaben. Fast alle Systeme unterliegen schlussendlich den universellen Regeln der Logik und der Naturgesetze.

>> *Die Komplexität eines Systems wird maßgeblich beeinflusst durch die Eigenschaften des Umfelds und der Wirkung auf ebendiese Umwelt.*

Die Wirkungen eines Systems sind die Interaktionen mit der Umwelt, für die das System entworfen worden ist – zuzüglich ungewollter Nebeneffekte. Denn diese Systeme sind oftmals kein Selbstzweck, sondern sie wurden eingerichtet, um ein konkretes Ziel zu erreichen. Im Gegensatz zu den Ursachen sind die Wirkungen durch das System typischerweise bis zu einem gewissen Grad steuerbar – wobei natürlich auch die Wirkungen voneinander abhängig sind.

In der Medizin sind das die berüchtigten Nebenwirkungen, die genauso eine Reaktion des Körpers auf die Einnahme eines Medikamentes darstellen wie die eigentlich beabsichtigte Reaktion. Dies kann sogar zu einer Veränderung der therapeutischen Anwendung führen – ein berühmtes Beispiel wurde ursprünglich für die Behandlung von Bluthochdruck entwickelt und erwies sich später an einer sehr speziellen Stelle des männlichen Körpers als recht wirkungsvoll.

Ein anderes typisches Beispiel für ein System, welches ab einem gewissen Umfang zur Komplexität neigt, ist ein Computerprogramm. Genauer der zugrunde liegende Algorithmus, also das »Kochrezept«. Es gibt bestimmte Eingabewerte (Input, entsprechend den Zutaten) und Ausgabewerte (Output, die fertigen Gerichte). Die Programmierung selbst, also die Wirkung der Elemente innerhalb des Programms, kann dabei sehr vielfältig sein – es kommt stark auf die richtige Reihenfolge und die genaue Verarbeitung an. Kochtechnisch entspricht dies dem eigentlichen Kochvorgang, der Zubereitung der Gerichte. Was nun genau innerhalb des Programms passiert, obliegt einzig und allein seinem Erschaffer – es wird durch die Außenwelt nur limitiert durch die Regeln der Logik, der Mathematik und der Informatik sowie bei der Umsetzung durch die technischen Spezifikationen der Programmiersprache. Beim Kochen kommt noch etwas Chemie hinzu. Die Wirkung, oder besser der Nutzen des Systems liegt in der finalen Ausgabe des Programms, dem Ergebnis auf dem Bildschirm oder auf dem Teller.

Da Systeme als Teil einer Hierarchie oftmals in ein Geflecht anderer Systeme eingebunden sind, werden häufig neben dem Endergebnis auch Zwischenergebnisse und andere Artefakte oder Zufallsabfallprodukte an anderer Stelle benötigt. Die Systeme sind also selbst wieder Elemente eines komplexen Systems und voneinander abhängig. Die Aussagen über Intransparenz und Eigendynamik gelten also auch hier, und diese Abhängigkeiten mit ihren Auswirkungen zueinander müssen bekannt sein, ehe eine Reduktion innerhalb eines Subsystems durchgeführt werden kann.

1.4   Arten der Komplexität

Bislang haben wir komplexe Systeme beschrieben und uns über die Verknüpfung des gerade zu analysierenden Systems mit seiner Umwelt Gedanken gemacht. Nun führen wir eine grundlegende Unterscheidung nach dem *Ursprung* der Komplexität ein.

Zunächst gibt es die *natürliche Komplexität,* bei der das System einen natürlichen Ursprung hat. Dazu zählen zum Beispiel die Naturwissenschaften oder die Medizin, in denen natürliche Phänomene unserer Umwelt beschrieben werden. Aber auch menschengemachte Systeme wie technische Systeme, von einfachen mechanischen Apparaten über Elektronik bis hin zu Raketen, fallen darunter. Durch den natürlichen Ursprung lassen sich die Eingaben nicht verändern, sondern müssen innerhalb des Systems verarbeitet werden, um das gewünschte Ergebnis zu erzielen.

Dem gegenüber steht die *künstliche Komplexität,* bei der das System von Menschen geschaffen worden ist bzw. durch Menschen vollständig angepasst werden kann. Dazu zählen die Geistes- und Rechtswissenschaften, soziale Normen, aber auch Sitten, Gebräuche und technische Normen wie DIN oder ISO. Diese Systeme sind grundsätzlich durch den Menschen veränderbar, sodass bei dieser Form der Komplexität grundsätzlich mehr Rahmenbedingungen kontrolliert werden können als bei der natürlichen.

>> *Künstliche Komplexität wurde von Menschen verursacht und kann auch durch Menschen verändert werden. Mit natürlicher Komplexität müssen wir leben.*

Diese Unterscheidung führt in der Praxis dazu, dass die Strategien für den Umgang mit Komplexität unterschiedlich ausfallen können. Bei der Entwicklung eines technischen Produktes etwa sind gewisse Faktoren durch Naturgesetze vorgegeben und können auch vom findigsten Ingenieur nicht beliebig verändert werden. Umgekehrt sind rechtliche Rahmenbedingungen für den Konstrukteur zunächst ähnlich bindend wie Naturgesetze, unterliegen im Gegensatz zu diesen jedoch politischen oder gesellschaftlichen Konventionen und können grundsätzlich verändert werden. Als Teil einer demokratischen Gesellschaft kann auch der Konstrukteur seinen Teil dazu beitragen, diese Rahmenbedingungen in seinem Sinne anzupassen.

Auch in den Rechtswissenschaften ist ein Bewusstsein für diese Form der Komplexitätssteigerung vorhanden. Der Bundesgeschäftsführer des deutschen Richterbundes Sven Rebehn sagte Ende 2023 zum Thema Bürokratie-Belastung, dass insgesamt aktuell eher »eine Tendenz zu Mikromanagement und kleinteiligen, immer detaillierteren Gesetzen zu beobachten [sei], die am Ende auch die Gerichte beschäftigen und zusätzlich belasten.« (dpa, 2023)

1.5   Kompliziertheit vs. Komplexität

Ein verwandter und oftmals synonym verwendeter Begriff zur Komplexität ist Kompliziertheit. Es gibt jedoch einen wesentlichen Unterschied: Kompliziertheit bezieht sich auf die Schwierigkeit eines Systems aufgrund vieler miteinander verbundener Teile oder Prozesse, die für sich jedoch klar strukturiert sind und durchschaut werden können. Komplexität hingegen bezeichnet die Unvorhersehbarkeit in einem System, das durch viele nicht-lineare Wechselwirkungen zwischen den Elementen geprägt ist.

Ein Beispiel für Kompliziertheit ist etwa ein Uhrwerk. Es besteht aus einer am Anfang unüberschaubaren Vielzahl präziser Komponenten wie Zahnräder, Federn und Lagersteine, die in einer bestimmten Weise miteinander interagieren, um die Zeit zu messen. Die Struktur ist das Ergebnis eines immer mehr verfeinerten Optimierungsprozesses und lässt sich – einige Erfahrung vorausgesetzt – in jeder Detailstufe analysieren. Für jedes Element kann die Auswirkung auf das Gesamtsystem klar ermittelt und präzise beschrieben werden. Ähnlich verhält es sich mit einem Puzzle, dessen Teile durch ihre Form und Farbe eine eindeutige Position im Gesamtergebnis einnehmen. Obwohl das Zusammensetzen zeitaufwendig sein kann, ist die Herausforderung linear und durch sukzessiven Vergleich der Teile lösbar – die Größe des Puzzles macht es nur aufwendiger, aber nicht grundsätzlich schwieriger.

》 *Bei Kompliziertheit hilft es, Dinge zu lernen und klüger zu werden. Für Komplexität reicht das nicht aus.*

Umgekehrt ist zum Beispiel der Verkehr in einer Großstadt ein komplexes System. Die Dynamik zwischen verschiedenen Verkehrsteilnehmern, Verkehrsregeln und externen Einflüssen wie Baustellen macht den Verkehr schwer vorhersehbar. Änderungen in einem Teil des Systems können unvorhersehbare Auswirkungen auf den Rest haben, und die Situation kann sich ständig ändern.

Weitere typische Beispiele für Komplexität sind Wetter und Ökosysteme. Das Wetter wird von einer Vielzahl von Faktoren beeinflusst, darunter Luftdruck, Temperatur, Feuchtigkeit und geografische Gegebenheiten. Die nicht-linearen, teilweise chaotischen Wechselwirkungen zwischen diesen Elementen machen es schwierig, präzise Vorhersagen auch auf kurzen Zeitskalen zu treffen. Bei ökologischen Systemen führen die Vielzahl von Arten und ihre vielfältigen Wechselwirkungen zu einem sensiblen Gleichgewicht, das leicht durch Veränderungen der Umwelt – zum Beispiel durch menschliche Eingriffe – gestört werden kann. Auch wenn es einfache Modelle beispielsweise zur Vorhersage von Populationsdynamiken gibt, so nutzen diese immer Vereinfachungen und können je nach konkreter Situation das tatsächliche Verhalten des Systems nicht korrekt abbilden.

Das menschliche Gehirn, als ein hochkomplexes Organ, stellt ein weiteres Beispiel dar. Die Wechselwirkungen zwischen ca. 80 Mrd. von Neuronen, kombiniert mit individuellen Erfahrungen, machen seine Funktionsweise schwer zu verstehen. Emotionen, Gedanken und Handlungen sind auf bislang größtenteils unverstandene und definitiv nichtlineare Weise miteinander verbunden. In der Folge sind auch soziale Netzwerke durch Komplexität geprägt. Die Verbreitung von Informationen erfolgt unvorhersehbar und wird von individuellen Entscheidungen, Emotionen und sozialen Verbindungen beeinflusst.

Die Differenzierung zwischen »echter« Komplexität und deutlich leichter beherrschbarer Kompliziertheit ist aber nicht nur eine akademische Frage. Eine konkrete, praktische Relevanz ist beispielsweise die Wahl der richtigen Organisationsstruktur in einem Unternehmen:

Die traditionelle, hierarchische Unternehmensstruktur kann als Beispiel für Kompliziertheit gesehen werden. Es gibt klare Linien der Autorität und Verantwortung. Jede Abteilung hat definierte Aufgaben, die Entscheidungswege sind formalisiert. Auch wenn die Organisationshierarchie vielleicht sehr umfangreich und auf den ersten Blick unübersichtlich erscheinen mag, so ist sie doch im Allgemeinen gut definiert, und die Verantwortlichkeiten sind nachvollziehbar auf einzelne Positionen verteilt. In einer solchen Umgebung ist es für Mitarbeiter einfacher, ihre spezifischen Aufgaben zu verstehen, da Struktur und Abläufe weitestgehend festgelegt sind. Auch die Kommunikation folgt bestimmten Hierarchien, und Entscheidungen werden oft von Führungskräften getroffen und nach unten weitergeleitet.

Im Gegensatz dazu steht die Komplexität agiler Teams, die in flexibleren, nicht-hierarchischen Strukturen arbeiten. Diese Teams zeichnen sich durch eine höhere Autonomie aus, die Entscheidungen werden oft dezentral getroffen, und die Kommunikation erfolgt auf informelleren Wegen. Diese agile Herangehensweise kann mitunter besser auf sich ändernde Anforderungen reagieren, ist aber gleichzeitig weniger formalisiert und daher für manche Mitarbeiter möglicherweise schwerer zu durchschauen.

Beide Modelle, die traditionelle, hierarchische Struktur und agile Teams, haben ihre Vor- und Nachteile. Die Herausforderung für Organisationen besteht darin, die richtige Balance zwischen Kompliziertheit und Komplexität zu finden, um effektive Strukturen zu schaffen, die sowohl klare Abläufe als auch Anpassungsfähigkeit ermöglichen. Dieses Thema ist auch im Projektmanagement ein zentraler Erfolgsfaktor, siehe dazu das Praxisbeispiel in Kap. 9.

1.6   Fazit

Der Begriff »Komplexität« wird in verschiedenen Situationen und Kontexten verwendet. Komplexe Systeme zeichnen sich durch Unvorhersehbarkeit und nicht-lineare Wechselwirkungen aus. Sie stehen im Austausch mit ihrer Umgebung, was die Abgrenzung zusätzlich erschwert. Grundsätzlich können wir zwischen natürlich und künstlich erzeugter Komplexität unterscheiden sowie Komplexität von Kompliziertheit abgrenzen.

Reflexionsfragen

- Finden Sie weitere Definitionen für Komplexität! Welche Gemeinsamkeiten haben sie, wo gibt es Abweichungen?
- Komplexe Systeme entstehen auch durch sukzessive Optimierung. Fallen Ihnen in Ihrem Umfeld solche Systeme ein? Wie stehen ihr Nutzen und ihr Problempotenzial im Verhältnis?
- »Künstliche Komplexität ist keine echte Komplexität.« Inwieweit stimmen Sie dieser Aussage zu? Gibt es richtige und falsche Aspekte? Und was bedeutet das für die Praxis?
- An welchen Stellen haben Sie es mit Rahmenbedingungen zu tun, die bei Ihnen zu zusätzlicher Komplexität führen? Welche davon ist notwendig?
- Welche Beispiele fallen Ihnen für als Komplexität getarnte Kompliziertheit ein?

2

Der Umgang mit Komplexität

Bei Komplexität handelt es sich in erster Linie um ein Phänomen, welches wir beschreiben und charakterisieren können. Doch die Herausforderungen liegen weniger in der Komplexität an sich begründet als vielmehr in den Auswirkungen auf die mit ihr konfrontierten Personen. Denn oftmals wird Komplexität selbst gar nicht wahrgenommen, schon gar nicht als Problem! Wir beobachten vielmehr eine Vielzahl anderer Missstände, die augenscheinlich nichts miteinander zu tun haben, und die sich trotzdem im Hintergrund auf das Vorhandensein komplexer Systeme zurückführen lassen.

In diesem Kapitel betrachten wir zunächst die Fragestellung, warum Komplexität zu Problemen führt. Anschließend beschäftigen wir uns mit drei grundlegenden Strategien für den Umgang mit Komplexität, namentlich den Schritten »verstehen«, »beherrschen« und »gestalten«. Den Abschluss bildet eine kurze Übersicht über weitere Herangehensweisen für den Umgang mit Komplexität.

© Der/die Autor(en), exklusiv lizenziert an Springer-Verlag GmbH, DE, ein Teil von Springer Nature 2024
H. G. Grohganz, *Komplexität verstehen, beherrschen, gestalten,*
https://doi.org/10.1007/978-3-662-69911-9_2

2.1   Warum führt Komplexität zu Problemen?

Charakteristisch für Komplexität ist die Vielzahl von Wechselwirkungen innerhalb eines Systems. Deren Undurchschaubarkeit führt unweigerlich zum Kontrollverlust. Dabei ist es unerheblich, ob diese Kontrolle durch Menschen selbst oder in Form von Assistenzsystemen wie etwa Computern durchgeführt wird.

Dieser Kontrollverlust kann nun abhängig von den Umständen – sowohl in Bezug auf die Persönlichkeit der beteiligten Akteure als auch auf die vorherrschenden Strukturen – bewusst und bereitwillig in Kauf genommen werden, sodass keine oder nur wenig negative Emotionen damit verbunden werden. Denken wir beispielsweise an das Gefühl des Ausgeliefertseins, wenn wir in einem großen Passagierflugzeug reisen – auch wenn uns etwas mulmig ist und wir uns vielleicht nicht wirklich wohl fühlen, so vertrauen wir doch (hoffentlich!) in das System und die Expertise der beteiligten Personen.

Wenn Menschen jedoch mit Komplexität konfrontiert werden, ohne darauf vorbereitet zu sein, so ist der Kontrollverlust unvorhergesehener und zumeist ungewollt. Diese Situation ist dazu geeignet, Urängste hervorzurufen, auf die Menschen instinktiv und mit natürlicher Gegenwehr reagieren, etwa einer körperlichen Abwehrreaktion, Flüchen oder Vermutungen über den Geisteszustand des scheinbaren Urhebers.

> **》Komplexität führt zu Kontrollverlust. Menschen mögen das nicht.**

Zunächst kann die Komplexität negiert werden. Es werden einfache, alternative Erklärungen gesucht, die dem Menschen scheinbar die Möglichkeit der Kontrolle zurückgeben. An die Stelle einer unglücklichen Verkettung von Umständen tritt ein Antagonist, ein böser Mensch oder Geist, der für das persönliche Unglück verantwortlich ist. Der Teufel steckt buchstäblich nicht mehr im Detail, sondern hinter der Komplexität – alternativ ist es die Verschwörung der Mächtigen mit dem Ziel, das

Individuum zu beherrschen, auszunutzen und generell ganz üble Dinge im Schilde zu führen.

Diese Negierung der Komplexität kann aber auch harmlosere Formen annehmen. So bietet dem Menschen in einer zunehmend komplexer werdenden Welt der Glaube einen Fixpunkt, etwas Unveränderliches, das die Lücke des Nichtwissens zu schließen vermag. Dies muss dabei keine Religion sein, auch esoterisches Gedankengut oder kleine Formen des Aberglaubens wie z. B. »auf Holz klopfen« können hier helfen, in der Ungewissheit der Komplexität etwas Kontrolle zurückzugewinnen.

Schwieriger wird es, wenn der Glaube an eine einfachere Welt zur aktiven, radikalen Vereinfachung selbst wird. Wenn ich schon davon überzeugt bin, dass hinter meinem Unvermögen eine mir bösgesinnte Macht steht, so ist der Weg nicht mehr weit, mir die Kontrolle notfalls mit radikaleren Methoden zurückzuholen. Je stärker meine Überzeugung ist, den im Kern doch so einfachen Ursprung der angeblich komplexen Situation erkannt zu haben, umso mehr neige ich dazu, andere Meinungen und Erfahrungen als Irrtümer oder Dummheit der Außenstehenden abzulehnen.

Die diesen Denkmustern folgenden Abgründe menschlichen Verhaltens, die sich heute zunächst durch das gegenseitige Anstacheln innerhalb der eigenen Filterblase und den darauf folgenden Shitstorms auf Social-Media-Kanälen manifestieren, weisen durchaus Parallelen zu den Pogromen und Verfolgungen der Vergangenheit auf. Schon der frühe Antisemitismus wurde sicherlich auch befeuert durch den scheinbaren oder realen Erfolg der zumeist jüdischen Kaufleute und Denker, die sich – zumindest nach meiner Interpretation – mit der Komplexität ihrer wirtschaftlichen und wissenschaftlichen Welt wohl besser arrangieren konnten als die sich nach Einfachheit sehnende Bevölkerungsmehrheit.

Oft sind es Veränderungen, die diese Ängste vor Kontrollverlusten deutlich spürbar machen. Eine typische Gegenreaktion besteht daher auch in der Ablehnung von Innovationen, insbesondere bei disruptiven Veränderungen oder sogenannten Sprunginnovationen. Dies sind Veränderungen, die im Gegensatz zu schleichenden und schrittweisen Anpassungen und Verbesserungen auf einen Schlag gänzlich neuartige Möglichkeiten bieten und dabei alte Herangehensweisen vollständig obsolet machen. Ein bekanntes Beispiel dafür ist das Smartphone, welches sich schlagartig innerhalb eines Jahrzehnts von einem mobilen Kommunikationsgerät zum digitalen Lebensbegleiter entwickelt hat. Aber auch das Einkaufen im Internet, die Elektromobilität und die künstliche Intelligenz sind Beispiele dafür, dass schnelle und umfassende Veränderungen die heutige Zeit charakterisieren.

Solche disruptiven Veränderungen durchbrechen einerseits die alte Komplexität, indem komplette Systeme inklusive ihrer Wechselwirkungen ersetzt werden, schaffen ihrerseits aber auch neue Systeme, deren Komplexität auf den ersten Blick vielleicht nicht sofort ersichtlich ist. Auch hier besteht eine natürliche Gegenreaktion in der vollständigen Ablehnung des Neuen und dem Festhalten am bestehenden System – letzteres selbstverständlich nur an den für einen selbst vorteilhaften Aspekten!

Komplexität selbst ist kein Problem, aber die unkontrollierten Reaktionen wie Negation, Verschwörungsglaube, Radikalisierung und das Ablehnen jeglicher Innovation führen zu ernsthaften Problemen. Wollen wir diese vermeiden, so müssen wir das zutiefst menschliche Sehnen nach Einfachheit, nach Kontrolle, nach Sicherheit mit anderen Mitteln erreichen. Einige Strategien zur Bewältigung von Komplexität schauen wir uns im Folgenden an.

2.2   Die drei Basis-Strategien

Die Frage nach dem richtigen Umgang mit Komplexität lässt sich nicht pauschal beantworten. Der erste, natürliche Impuls ist oftmals, sie reduzieren zu wollen: Sachverhalte vereinfachen, Faktoren rausnehmen. Damit dies gelingen kann, müssen wir zunächst die Frage beantworten, zu welchen Probleme die Komplexität genau führt. Anschließend ermitteln wir ihre Ursache, denn die Strategien zur Steuerung von Komplexität hängen maßgeblich davon ab, inwieweit wir das komplexe System tatsächlich verändern können und wo wir erwarten, nur für uns eine Vereinfachung zu erreichen.

Aus meiner Erfahrung basieren alle erfolgreichen Strategien zur Bewältigung von Komplexität auf mehreren Stufen. Wir beginnen dabei mit dem Aufbau eines grundlegenden *Verständnisses* der vorherrschenden

Komplexität. Darauf aufbauend können wir entscheiden, ob und wie weit wir die Komplexität *beherrschen* können oder ob es sogar Möglichkeiten gibt, sie selbst zu *gestalten*. Die konkrete Ausgestaltung dieser Strategien hängt dabei stark von dem vorherrschenden Umfeld und der Ausprägung der konkreten Herausforderungen ab. Daher bewegen wir uns im Folgenden auf einem sehr grundsätzlichen Niveau und nutzen vornehmlich Beispiele zur Illustration.

2.2.1 Verstehen

Das Erzeugen von Transparenz, die Durchdringung der wirklichen Abhängigkeiten, das Entflechten der vielfältigen Verknüpfungen innerhalb des Systems ist beim Verstehen von Komplexität der wesentliche Schritt. Bereits in der Definition wurde die Intransparenz als zentrales Merkmal komplexer Situationen genannt.

Sämtliche Grundlagenforschung ist – etwas verkürzt und salopp gesagt – nichts anderes als das Verstehen der Systeme unserer Umwelt: des Universums in den Naturwissenschaften, des menschlichen Körpers in der Medizin, der Möglichkeiten des menschlichen Geistes in den Geisteswissenschaften, den Folgen von Logik und Axiomatik in der Philosophie und Mathematik. Millionen von Menschen widmen ihr ganzes Leben dem Aufbau und der Erweiterung des menschlichen Verständnisses dieser höchstkomplexen Systeme.

Aber auch im beruflichen und privaten Alltag werden wir mit komplexen Systemen und ihren Auswirkungen konfrontiert. Wollen wir die Komplexität dahinter verstehen, so könnten typische Fragen beispielsweise lauten:

- Worin genau liegt das Problem, das wir lösen wollen?
- Was ist unser konkretes Zielbild?
- Welche Aspekte des Systems stehen dem Zielbild im Wege?
- Welche Aspekte sind irrelevant und können vernachlässigt werden?
- Wie hängen die relevanten Aspekte miteinander zusammen?
- Wie können wir die Stärken und Auswirkungen dieser Zusammenhänge messen?

- Welche Maßnahmen könnten die unerwünschten Aspekte ändern?
- Zu welcher Komplexität führen die angedachten Maßnahmen – stehen Aufwand und Wirkung in einem angemessenen Verhältnis?
- Bevor wir Veränderungen angehen: Wie können wir deren Auswirkungen messen?

Oft bietet es sich an, ein Reporting-System einzurichten oder ein bereits etabliertes System zu erweitern, um die Antworten auf alle Fragen zur Messbarkeit und zum Monitoring des Status Quo nicht manuell, sondern auf Basis der im Unternehmen vorhandenen Daten möglichst automatisiert zu erhalten.

2.2.2 Beherrschen

Auf Basis des Verständnisses eines komplexen Systems besteht der nächste Schritt nun darin, dieses zu beherrschen. Nach meiner Erfahrung ist hierbei die Modellierung des ursprünglichen Systems der zentrale Schritt – also die Nachbildung einzelner relevanter Aspekte durch ein weniger komplexes System.

Ein Beispiel für eine Modellbildung ist die Formelsprache der Mathematik, welche von Physikern verwendet wird, um Naturgesetze zu formulieren. Ein Experiment ist unter diesem Blickwinkel nichts anderes als der Abgleich des Modells mit der komplexen Realität, deren Kette von Ursache und Wirkung selbst intransparent bleibt, deren Ausgang jedoch festgestellt werden kann. Stimmen Modell und Wirklichkeit überein, so ist die Modellierung für diesen Sachverhalt hinreichend gut.

Ein anderes Beispiel für durch Modellierung beherrschte Komplexität sind Spiele. Durch ein Regelwerk bilden sie schematisch einige wenige Aspekte unserer Realität ab und werden so verständlich und steuerbar. Und obwohl diese Regeln mitunter sehr einfach ausfallen, so ist das Meistern mancher Spiele dennoch eine bisweilen lebenserfüllende Aufgabe, beispielsweise im Schach. In letzterem wird – mit nur sechs verschiedenen Figuren, einer Handvoll Regeln und einem einfachen Spielbrett – die Komplexität einer Schlacht modelliert und begeistert Menschen seit Jahrhunderten. Und auch hier lässt sich die Komplexität leicht weiter steigern, zumeist mit dem Ziel, durch Verringerung des

Abstraktionsgrads das Spielerlebnis eine erzählerische, stimmungsvolle Atmosphäre hinzuzufügen: Bei modernen Tabletop-Strategiespielen etwa werden Regimenter aus mehreren Dutzenden verschiedener Figuren aus unterschiedlichsten Völkern aufgefahren, um in einer Miniaturlandschaft mittels militärtaktischer Manöver und Würfelwürfen die Vorherrschaft zu erlangen. Die Regelwerke für diese Spiele füllen nicht selten ganze Bücher und dennoch ist die Komplexität so hoch, dass in jedem Spiel zumeist mehrere Situationen auftreten, in denen die Spieler sich jenseits des Regelwerks einigen müssen.

In der Wirtschaft tritt der Unterhaltungsaspekt bei der Modellbildung naturgemäß etwas zurück. An seine Stelle tritt die Vorhersagbarkeit von Systemen. Das Modell wird also dazu verwendet, um Prognosen über die Zukunft zu erlangen und auf dieser Basis Entscheidungen zu ermöglichen. Die bekannten Instrumente der strategischen Planung wie etwa die BCG-Matrix, das Eisenhower-Prinzip oder auch das Business-Model-Canvas sind solche modellhaften Vereinfachungen der Realität und erleichtern das Treffen richtungsweisender Entscheidungen.

Das Thema der Modellierung ist sehr umfangreich und lohnt einer vertieften Betrachtung. In Kap. 3 beschäftigen wir uns daher vornehmlich mit den verschiedenen Aspekten und Möglichkeiten der Modellierung.

2.2.3 Gestalten

Bei der Gestaltung von Komplexität wird das System selbst verändert und reduziert: Elemente werden aus dem System herausgenommen, Verknüpfungen gelöscht. Das ganze System wird gradliniger, einfacher, verständlicher. Unverstandene Abhängigkeiten werden reduziert oder abgebaut, wenn die Elemente, mit denen sie in Beziehung stehen, vereinfacht oder entfernt werden.

Wenn ich Komplexität beherrsche, baue ich ein neues, einfacheres System, das mir hilft, das ursprüngliche System zumindest in Teilen besser zu verstehen. Gestalte ich sie, so verändere ich das ursprüngliche System selbst. Das geht natürlich nur mit Systemen, die das auch mit sich machen lassen!

Beherrschen, also vornehmlich modellieren, können wir nahezu jedes System. Die Möglichkeit zu gestalten beschränkt sich in der Regel auf menschengemachte Systeme, also künstliche Komplexität. Diese wurden durch Menschen geschaffen, können also auch durch Menschen verändert werden. Oft sind diese Systeme historisch gewachsen, durch Traditionen gefestigt oder Teil der kulturellen Identität, sodass eine direkte Gestaltung nicht so einfach möglich ist. Ein Beispiel hierfür sind die vielschichtigen Regeln für angemessene Umgangsformen (»Knigge«) im beruflichen Kontext. Zu diesen hat sich in den letzten Jahrzehnten mit der typischerweise in Start-Ups und im Kreativbereich vorherrschenden »Duz-Kultur« eine Alternative herausgebildet, die mittlerweile auch in traditionellere Bereiche überschwappt.

Die Gestaltung natürlicher Komplexität funktioniert hingegen üblicherweise nicht: Könnten wir »einfach mal so« ein Naturgesetz oder ein Gesetz der Logik außer Kraft setzen, hätten wir zumindest nach dem aktuellen Stand der Wissenschaft die Grenze zur Magie durchstoßen, und die damit einhergehende Komplexität würde uns vor völlig neuartige Herausforderungen stellen – was durch die Vielzahl grandioser Fantasy-Universen in unserer Unterhaltungsliteratur eindrucksvoll bestätigt wird.

Auch das von den Naturwissenschaften erarbeitete System der Naturgesetze zur Modellierung der Realität ist in seiner Gesamtheit ein komplexes System. Der Mathematiker Kurt Gödel hat mit seinem ersten Unvollständigkeitssatz bewiesen, dass ein hinreichend mächtiges System entweder widersprüchlich oder unvollständig ist, d. h. man kann innerhalb des Systems Aussagen formulieren, die weder wahr noch falsch sind. Ein Paradebeispiel für die ungewollten Folgen von Komplexität!

Gleichzeitig ermöglicht dieses menschengemachte System der formalisierten Naturgesetze nun Erfindern und Ingenieuren, ihrerseits technische Systeme zu gestalten. Hierbei werden die Modelle der Naturwissenschaften benutzt, um das Verhalten dieser Systeme entweder zu berechnen oder zu simulieren und durch Veränderungen an den Modellparametern die bestmögliche Lösung zu finden. Die Konstruktion, das Fertigen der Einzelbauteile und das Zusammenfügen, sowie der anschließende Betrieb und die Wartung der technischen Lösungen sind dann wiederum teilweise komplexe Aufgaben innerhalb des so neu erschaffenen Systems.

Das Gestalten ist die weitreichendste Form der Komplexitätsbewältigung, aber nicht in allen Fällen nutzbar. In der praktischen Umsetzung ist sie nach meiner Erfahrung der Modellierung relativ ähnlich – oftmals folgt sie auf die anderen beiden Schritte, wenn sich herausstellt, dass problematische Umfeldbedingungen aktiv verändert werden können. In Kap. 4 gehen wir tiefer auf den bewussten Aufbau komplexer Systeme ein.

2.3 Weitere Herangehensweisen

Die vorgestellten drei Strategien sind sehr allgemein formuliert, sodass sie nahezu alle Techniken zum Umgang mit Komplexität zumindest teilweise abdecken. Insbesondere die erste Stufe, das Schaffen von Transparenz und das Verstehen der Komplexität ist oftmals der schwierigste Teil und erweist sich häufig als ausreichend für die Lösung der ursprünglichen Problemstellung.

Auch ist die Trennung der drei Strategien etwas beliebig und in der Realität nicht so streng vorzufinden, wie sie hier vorgestellt wurde. So trägt beispielsweise jedes Reporting-System, das gewisse Sachverhalte durch etwa eine Kennzahl oder ein Diagramm abbildet, bereits Elemente einer Modellierung in sich. Auch der Unterschied zwischen Gestaltung und Beherrschung kann schwammig werden, wenn das zugrunde liegende System sowohl natürliche als auch künstliche Ursprünge hat, oder sich – etwa durch veränderte Rahmenbedingungen – bislang unveränderliche Voraussetzungen auf einmal doch hinreichend gut anpassen lassen.

Die Technik der *Auslagerung von Komplexität* ist so ein Beispiel, das mit der vorgestellten Schablone nicht ganz einfach zuzuordnen ist. Sie kann als eine Art Beherrschungsstrategie verstanden werden, wobei hierbei kein zusätzliches System geschaffen wird, sondern das bestehende System in einem gewissen Sinne aufgeteilt wird: Verknüpfungen von Elementen sollen nur noch innerhalb der neu entstandenen Teilsysteme bestehen, die Vernetzung dieser Systeme erfolgt kontrolliert und durch definierte Schnittstellen.

Dahinter steht die klassische »Divide-et-impera«-Strategie (»Teile und herrsche« bzw. »Divide and conquer«), bei der große Probleme durch Zerlegung in mehrere kleine Probleme besser lösbar werden –

insbesondere, wenn die Teilprobleme durch verschiedene Expertisen oder Hilfsmittel zu lösen sind, sodass die Arbeiten parallelisiert werden können. Dabei reduziert sich zwar nicht die Gesamtkomplexität (diese wird durch die neuen Subsysteme eher größer), durch die Aufteilung kann dennoch ein Effizienzgewinn erreicht werden. Dies ist eng verwandt mit dem Konzept der inneren und äußeren Komplexität, die wir uns im Rahmen der Modellierung im nächsten Kapitel näher anschauen werden.

Ein verwandter Ansatz, der eng mit der Gestaltung disruptiver Veränderungen einher geht, ist das sogenannte »*First Principle Thinking*«. Hierbei wird das komplexe System auf seine fundamentalen Eigenschaften reduziert und die nicht zwingend notwendige Komplexität entfernt. In dieser Hinsicht ähnelt es stark der Modellierung. Nun wird allerdings nicht versucht, sich durch Analogien dem ursprünglichen System möglichst weit zu nähern, sondern es wird ein verändertes Modell angestrebt, bei dem die bisherigen Verknüpfungen durch völlig neue ersetzt werden.

Im Gabler Wirtschaftslexikon (Haberstock, 2020) finden wir hierzu die folgende Erläuterung:

First Principle Thinking beschreibt einen Denkansatz, bei dem komplexe Probleme rekonstruiert und von Grund auf neu gedacht werden. Dabei wird das Kernproblem zunächst auf seine fundamentalen Eigenschaften reduziert, die im Anschluss neuartig zusammengesetzt werden. Dieser Ansatz soll dazu führen, umzudenken und kreative, innovative Lösungen zu finden, die exponentielle Verbesserungen gegenüber konventionellen Ansätzen ermöglichen.

Methodik und Vorgehensweise

a) Kritisches Hinterfragen: Im ersten Schritt ist es erforderlich, Überzeugungen, Annahmen und Grundeinstellungen zu hinterfragen, um neue Gedankenwege zu erschließen und umzudenken.

b) Herunterbrechen der Probleme: Der zweite Schritt ist die sorgfältige Analyse des Kernproblems und das Herunterbrechen in seine fundamentalen Bestandteile. Hierbei gilt es, konventionelle Denkweisen außer Acht zu lassen, um kreatives Denken zu ermöglichen.

c) Neuartige Zusammensetzung: Der dritte Schritt beinhaltet die neuartige und unkonventionelle Zusammensetzung der einzelnen Bestandteile, um innovative Lösungen zu konzipieren.

Das Schlagwort des First Principle Thinking ist stark verknüpft mit der Vorgehensweise von Elon Musk und den darauf basierenden *disruptiven Ansätzen* sowohl im Automobil- als auch im Raketenbau. Diese Strategie ermöglicht nahezu blitzartig fundamentale Technologiewechsel, statt durch sukzessive Verbesserungen eine bestehende Technologie bis zum Maximum ihrer Leistungsfähigkeit auszureizen. Da das im System gespeicherte Erfahrungswissen bewusst verworfen wird, hat diese Strategie den Nachteil einer extrem hohen Fehlerquote. Das Anwenden benötigt also nicht nur die nötige geistige Flexibilität, sondern auch hohe finanzielle Ressourcen, um die zwangsläufig zu erwartenden Fehlschläge wirtschaftlich zu überstehen.

Eine letzte Strategie, strenggenommen eher eine Nicht-Strategie, ist die *Akzeptanz von Komplexität*. Wir hatten bereits im vorherigen Kapitel die Situation des Reisenden in einem Passagierflugzeug erwähnt – dieser ist ebenfalls mit einer komplexen Situation konfrontiert, deren prozessuale, technische und organisatorische Aspekte er nicht versteht, geschweige denn beherrschen oder gar gestalten könnte. Aber weder ist dies seine Aufgabe, noch würde ihm das Verständnis der genauen aerodynamischen Zusammenhänge konkret in seiner aktuellen Situation weiterhelfen. Daher kann es hier durchaus eine nervenschonende Strategie sein, sich zurückzulehnen, die Augen zu schließen und zu warten, bis man wieder metaphorisch und real festen Boden unter den Füßen hat.

2.4   Fazit

Oft äußert sich Komplexität nur indirekt durch scheinbar losgelöste Probleme wie zunehmendem Kontrollverlust. Daher ist die erste und grundlegende Strategie zum Umgang mit Komplexität ihr Verständnis und die Schaffung von Transparenz. Darauf aufbauend kann sie etwa durch Modellierung beherrscht und teilweise sogar gestaltet werden – manchmal ist es sogar sinnvoll, Komplexität auszulagern. Mit der Methode des First Principle Thinking können Ansätze der Modellierung als Gestaltungstechnik für Komplexität verwendet werden.

Reflexionsfragen

- »Unwissenheit schützt vor Strafe nicht!« – inwieweit gilt dieser Satz auch für Komplexität und zu starke Vereinfachung?
- Welche Beispiele fallen Ihnen ein, wo Sie selbst auf Komplexität mit Gegenwehr reagiert haben?
- Warum ist das Verständnis von Komplexität die Voraussetzung für jede weitere Form der Komplexitätsbeherrschung?
- Was ist der Unterschied zwischen Beherrschen und Gestalten? Welche Mischformen gibt es?
- Müssen komplexe Systeme zwingend beherrscht werden? Wenn ja, warum? Wenn nein, in welchen Fällen nicht?
- Komplexität auslagern ist eine gerade im technischen Umfeld (»in die Cloud gehen«) immer beliebter werdende Methode. Was sind die Vor- und Nachteile?
- Welche Auswirkungen hat »First Principle Thinking« auf Entwicklungsprozesse? Was sind die Chancen, was die Risiken? Ist es eine gute Strategie für jedermann?

3

Realität und Modelle

Ein komplexes System ist charakterisiert durch seine Unüberschaubar-
keit und Unvorhersehbarkeit. Die Strategien zum Umgang mit Komplexität haben folglich das gemeinsame Ziel, das System so zu vereinfachen, dass es überschaubar und prognosefähig wird. Daher bauen die
bereits vorgestellten Strategien aufeinander auf: Der zentrale Schritt ist
das Verstehen der Komplexität, erst danach kann sie beherrscht oder
sogar gestaltet werden. Die Beherrschung eines Systems erfolgt dabei
durch Schaffung eines Models, das einfacher als das Ursprungssystem ist
und dennoch alle relevanten Systemelemente und deren Verknüpfungen
beibehält.

In diesem Kapitel gehen wir auf diese Modellierung tiefer ein. Neben
vielen Beispielen für Modelle beschäftigen wir uns auch damit, Modell und Realität voneinander zu unterscheiden – was nicht immer so
einfach ist, wie es klingt. Weiterhin beinhaltet jeder Modellierungsan-
satz eine Grenzziehung, welche Aspekten in das Modell mit hineinge-
nommen werden und welche außen vorbleiben. Wir zerlegen damit die
Gesamtkomplexität in eine innere und eine äußere Komplexität. Auch
die Detailtiefe des Modells hat großen Einfluss auf seine Komplexität –
daher werfen wir einen Blick auf die hierarchischen Strukturen von

Informationen. Den Abschluss des Kapitels bilden einige typische Beispiele für Komplexität im Alltag und Ansätze, welche Herausforderungen bei der Modellierung zu beachten sind.

3.1 Modellierung

Ein Modell ist ein vereinfachtes Abbild der Wirklichkeit. Es beruht auf einem Ausschnitt eines typischerweise sehr komplexen Systems, indem es einige Komponenten und Wechselwirkungen in ein anderes, sehr viel einfacheres System überträgt. Dabei müssen die einzelnen Elemente nicht zwangsläufig 1:1 übereinstimmen.

Das Ziel eines Modells ist es, Erkenntnisse über die Realität zu gewinnen. Vorhersagen zu machen. Fundierte Entscheidungen zu ermöglichen. Bei der Modellierung eines komplexen Systems müssen also alle relevanten Aspekte, die in der Realität Auswirkungen auf das erwartete Verhalten haben, in angemessener Weise berücksichtigt werden.

Ein bekanntes Beispiel für die Modellierung ist die klassische oder newtonsche Mechanik – also im Wesentlichen das, was wir in der Schule über das Verhalten von Masse, Kraft, Bewegung, Reibung, Energie usw. gelernt haben. Dieses Modell nutzt mathematische Formeln zur Berechnung des Verhaltens von konkreten greifbaren Objekten. Es ist hervorragend geeignet beispielsweise zur Bestimmung des Bremswegs fahrender Autos, zum Bau von Deichen und Staudämmen oder zur Berechnung der Bewegung von Planeten – und damit der Vorhersage von astronomischen Phänomenen wie etwa einer Sonnenfinsternis. Wenn die Geschwindigkeiten jedoch sehr hoch werden und wir uns dem Bereich der Lichtgeschwindigkeit nähern – oder die Objekte sehr klein werden, dann stimmen die Vorhersagen der klassischen Mechanik nicht mehr und es werden elaboriertere Modelle benötigt wie etwa die Relativitätstheorie oder die Quantenmechanik.

Ein anderes Beispiel aus dem Schulunterricht sind die verschiedenen Atommodelle in der Chemie und der Physik: In der Chemie sind vor allem die den Atomkern umkreisenden Elektronen von Belang, sie bestimmen die Bildung von Molekülen und die als chemischen bezeichneten Eigenschaften von Stoffen. Eine chemische Reaktionsgleichung beschreibt dabei, was auf Ebene der Elektronen passiert, wenn spezielle Stoffe miteinander in Wechselwirkung treten. In der Kernphysik hingegen interessiert die Zusammensetzung des Atomkerns, die Bestimmung von Isotopen und das damit verbundene Konzept der Radioaktivität – Aspekte, die zumindest in der Schulchemie völlig belanglos sind, da die Anzahl von Neutronen im Kern auf die Elektronen keine relevante Auswirkung hat.

Aber auch jenseits der Naturwissenschaften ist die Modellierung eine zentrale Methodik zur Bewältigung von Komplexität. So werden etwa in der Buchhaltung alle relevanten Geschäftsvorfälle in Form von Buchungen und Konten abgebildet. Somit ermöglicht sie zum einen, jederzeit die finanzielle Situation des Unternehmens im Blick zu haben, zum anderen schafft sie die Grundlage für standardisierte Auswertungen beispielsweise in Form von Gewinn- und Verlustrechnungen sowie Bilanzen. Diese bilden ihrerseits wieder die Grundlage für Berichts- und Vergleichsaufgaben wie etwa der Besteuerung, der Bewertung von Unternehmen, als Entscheidungsgrundlage für Geschäftspartner und Banken. So modellieren auch sie die wirtschaftliche Situation des Unternehmens – hier auf einem deutlich gröberen Detailgrad für hauptsächlich externe Zielgruppen.

Alle diese Beispiele zeigen: Es gibt vielfältige Möglichkeiten zur Modellierung eines konkreten Themas und zumeist einen Zoo konkurrierender Modelle, die alle ihre eigenen Stärken und Schwächen haben. Um zu bestimmen, welches Modell am besten für den aktuellen Zweck geeignet ist, schauen wir uns also typischerweise die Genauigkeit der mit dem jeweiligen Modell treffbaren Vorhersagen an und wählen je nach Anwendungsfall das passende Modell aus.

Bei jeder Modellierung muss dabei klar sein, dass das Modell die Realität zwar *abbildet,* aber nicht die Realität *ist.* Wir nutzen Berechnungen zur Vorhersage zu Kraft und Bewegung, die Natur selbst rechnet nicht. Der britische Statistiker George Box formulierte in (Box, 1979) »Essentially, all models are wrong, but some are useful.« Und genau dieser Nützlichkeitsaspekt ist es, der die Modellierung zu so einem mächtigen Werkzeug macht.

>> *Alle Modelle, die wir haben, sind falsch.*

Nun stellt sich die Frage, wie ich nun einen für mich interessanten Sachverhalt so modelliere, dass mein Modell eine möglichst präzise Voraussage ermöglicht, aber dennoch so einfach bleibt, dass ich es kontrollieren kann. Meiner Erfahrung nach gibt es hier keinen Königsweg. Allerdings haben sich einige Aspekte als besonders hilfreich herausgestellt, die wir im Folgenden kurz betrachten:

Zunächst ist hier die Methodik der Machbarkeitsstudie oder eines »*Proof of Concept*« zu nennen, also einer sehr schnellen Möglichkeit, auch grobe erste Schritte einem Praxistest zu unterziehen. Gehen wir nach dem *Pareto-Prinzip,* also dem groben Modell der Realität, dass meistens ca. 80 % des Ergebnisses bereits mit ca. 20 % des Aufwands erzielt werden können, so bietet es sich an, vor jeder Erweiterung und Verfeinerung des Modells experimentell zu überprüfen, ob das Plus an Genauigkeit der Vorhersage auch den zusätzlichen Aufwand rechtfertigt.

Weiterhin ist es bei der Modellierung essenziell, sich über Phänomene wie den sogenannten »*Confirmation Bias*« im Klaren zu sein. Mit diesem Begriff wird die Beobachtung beschrieben, dass Menschen sich gern selbst bestätigt sehen und mehrdeutige Ausgänge von Experimenten lieber zugunsten des präferierten Modells gedeutet werden als dagegen. Liefert ein Modell eine zweideutige Aussage, neigen wir naturgemäß dazu, die Interpretation zu wählen, die unser Modell bestätigt. Schließlich haben wir Arbeit, Zeit und Energie (und meist auch Geld) in die Entwicklung des Modells gesteckt, daher ist es nur natürlich, dass wir uns im Zweifel zu seinen Gunsten entscheiden (wollen). Eine praktische Möglichkeit, mit diesem Phänomen umzugehen, besteht etwa darin, zwei Teams zwei konkurrierende Modelle entwickeln zu lassen und diese nachher gemeinsam gegeneinander antreten zu lassen. Die Bewertung erfolgt dann nach vorher definierten objektiven Kriterien.

Der dritte Aspekt bezieht sich auf genau diese Objektivität. Oft sind keine klaren Ja/Nein-Aussagen möglich, stattdessen werden statistische Methoden herangezogen. Mittels dieser kann etwa berechnet werden, wie oft beim Vergleich zweier Modelle das erste besser sein muss als das zweite, um mit einer genügend hohen Wahrscheinlichkeit wirklich besser zu sein als das andere. Auch diesen Signifikanztests liegt eine mathematische Modellierung zugrunde, die ein gewisses Verständnis voraussetzt. Ein unüberlegtes Anwenden von Methoden der Statistik oder die

Nutzung von Verfahren, deren Voraussetzungen nicht erfüllt sind, führt nicht selten zu fehlerhaften Ergebnissen. Das Vertrauen in die Aussagekraft statistischer Aussagen wird dadurch genauso beschädigt wie durch bewusste Falschanalysen und irreführende Schlussfolgerungen. Ein empfehlenswerter Klassiker zu dem Thema ist »How to lie with statistics« von Darrell Huff und Irving Geis (Huff & Geis, 1993).

3.2   Innere und äußere Komplexität

Eine grundlegende Strategie bei der Modellierung ist das Wegstreichen aller Aspekte der Realität, die nicht relevant für die Aussagen sind, die wir mithilfe des Modells treffen möchten. Diese Aspekte müssen jedoch zumindest teilweise berücksichtigt werden, wenn die Schnittstellen des Modells mit seiner Umgebung definiert werden – meist sind dies die Bedingungen, die das Modell an die Realität stellt und die Übertragbarkeit von Ergebnissen des Modells auf die Außenwelt. Im Falle der oben besprochenen newtonschen Mechanik wären dies z. B., dass alle Geschwindigkeiten deutlich niedriger als die Lichtgeschwindigkeit sind und bei den Ergebnissen, dass etwa eine berechnete negative Masse keine Entsprechung in der Realität hat.

Somit erreichen wir eine Unterteilung in innere Komplexität, die mit dem Modell abgebildet wird, und äußere Komplexität, die nicht oder nur über Anwendungsvoraussetzungen für das Modell relevant ist. Dieser Ansatz reduziert die zu beachtende Komplexität erheblich!

Mittels der nachfolgenden Beispiele schauen wir uns das Konzept von innerer und äußerer Komplexität in der Praxis an.

Ein Automatikgetriebe hat gegenüber einem manuellen Getriebe den Vorteil, dass der Fahrer nicht selbst schalten muss. Die Komplexität der Bedienung des Automatikwagens sinkt also gegenüber einem manuell geschalteten Fahrzeug. Weiterhin können die Automatikgetriebe so eingerichtet werden, dass ein möglichst sparsamer Drehzahlbereich erreicht wird und der Kraftstoffverbrauch reduziert wird. Diese Vorteile werden jedoch dadurch erkauft, dass die Komplexität der Technik des Fahrzeugs gesteigert wird, da ein weiteres, eher kompliziertes technisches Teil notwendig ist. Dies erhöht Gewicht und Kosten des Fahrzeugs und ist tendenziell wartungsintensiver als ein Schaltgetriebe. Bezogen auf den Fahrer wäre hier die innere Komplexität zulasten der äußeren Komplexität reduziert worden. Generell ist in den letzten Jahrzehnten zu beobachten, dass die Komplexität der Fahrzeugbedienung durch die Weiterentwicklungen von Fahrer-Assistenzsystemen immer weiter reduziert wurde – beginnend bei der Servolenkung und aktiven Federung über Warnsysteme, Parkassistenten und Tempomaten bis hin zum (teil)autonomen Fahren.

In der IT begegnet uns eine zunehmende Verlagerung von Servicebereichen in die sogenannte Cloud. Die Komplexität der eigenen IT-Abteilung wird reduziert, indem eine Reihe von Computerdiensten nicht mehr lokal betrieben wird, sondern von einem spezialisierten Anbieter für solche Lösungen. Dies führt zuerst zu einer direkten Kosten- und Aufwandsreduktion, weiterhin können Aspekte wie Sicherheit, Verfügbarkeit und Aktualität gesteigert werden, wenn der externe Anbieter dafür mehr Expertise und Ressourcen zur Verfügung stellen kann als das eigene Unternehmen. Dennoch steigt die Gesamtkomplexität, da der externe Anbieter üblicherweise viele gleichartige Unternehmen betreut und dies technisch bewerkstelligen muss. Es ist davon auszugehen, dass auch der Anreiz für Cyberkriminelle ansteigt, da nun ein Angriff auf nur einen Anbieter ausreichen kann, um mehrere Unternehmen zu schädigen. Für eine ausführliche Diskussion dieser Thematik sei auf das Kapitel zur Softwareentwicklung im zweiten Teil verwiesen.

Eine gänzlich andere Art der Modellierung begegnet uns in Form von Erzählungen: Eine Geschichte, eine Parabel oder ein Gleichnis ist eine Modellierung einer zumeist abstrakten Grundidee wie beispielsweise Verantwortung, Vertrauen, Hingabe oder Liebe, die durch Ausschmückung und Spannungserzeugung eine an das menschliche Empfinden und Denken angepasste Form erhält. Die Komplexität der Grundidee wird dabei in die innere Komplexität der Geschichte überführt, die beim Hören im Kopf des Empfängers wieder Gestalt annimmt. Dabei stellen die Erfahrungen die äußere Komplexität dar, die individuell mit der Geschichte verbunden werden. Sie transportiert dabei also nicht nur die dahinterstehenden Ideen und Ideale in Form ihres wörtlichen Inhalts, sondern sie gestaltet diese auch – ihre Flexibilität gewinnt sie durch ihre Zeitlosigkeit. Die Gesamtkomplexität ergibt sich daher erst beim Rezipienten wieder – beim Vergleich von systematischen Textanalysen und Interpretationen verschiedener Personen mit verschiedenen Hintergründen wird deutlich, wie vielfältig die mittels der einen Erzählung hervorgerufenen Gedanken sind. Damit ist klar, dass auch die Modelle in den Köpfen der Zuhörer einer Geschichte sehr unterschiedlich ausfallen werden.

Das Beispiel des Geschichtenerzählens zeigt anschaulich, dass manchmal ein sehr kleines und einfaches Modell besser geeignet ist als ein elaboriertes und detailliertes: Die Geschichten aus vergangenen Zeiten sind teilweise immer noch lebendig, die Fachliteratur hingegen lesen nur wenige Historiker – und das vermutlich auch nicht abends vor dem Zubettgehen. Mehr innere Komplexität bedeutet also nicht zwangsläufig, dass das Modell besser oder genauer ist!

» Auch bei der Modellierung gilt: Mut zur Einfachheit!

Auch ist es aus meiner Sicht ein Trugschluss, davon auszugehen, dass einfache Modelle zwangsläufig fehlerhafter sein müssen als detailliertere Modelle. Naturgemäß kann ein einfaches Modell zwar weniger Aspekte der Realität abbilden, dafür sind jedoch die Abweichungen deutlicher und die Fehler des Modells offensichtlicher und leichter kontrollierbar. In einem komplexen Modell ist es deutlich schwieriger herauszufinden, welche Komponenten in der Ergebnisberechnung in welchem Maße beteiligt waren, sodass die Übertragbarkeit der Ergebnisse auf die Realität deutlich schwieriger zu prüfen ist als es bei einem einfachen Modell der Fall sein wird.

Ein anschauliches Beispiel sind KI-Modelle, deren Entscheidungswege für den Anwender komplett verborgen sind. Obwohl es hierfür durch die sogenannte *explainable AI* bereits Lösungsansätze gibt, so stellen diese nur eine zusätzliche Modellierungs-Schicht dar, welche die relevanten Entscheidungsfaktoren zumindest ansatzweise illustriert.

3.3   Informationshierarchien

Im Rahmen der Modellierung lautet die zentrale Frage: Wie detailliert muss mein Modell sein, um sowohl eine echte Vereinfachung der komplexen Ausgangssituation bieten zu können als auch gleichzeitig alle relevanten Faktoren integriert zu haben, um die gewünschte Prognosequalität gewährleisten zu können? Anders formuliert: Wie viele Informationen kann ich unberücksichtigt lassen und wie weit kann ich Sachverhalte vergröbern, bevor meine Schlussfolgerungen falsch werden? Sicherlich hat fast jeder schon einmal die Situation erlebt, einem Vorgesetzten, einem Kunden oder einem Geschäftspartner eine Situation erläutern zu wollen und als Reaktion ein mehr oder weniger barsches »Verschonen Sie mich mit den Details« erhalten. Umgekehrt (und nach meiner Erfahrung ist das eher der seltenere Fall) gibt es auch die Reaktion »So kann ich das nicht entscheiden, ich brauche mehr Details!«

Jede Information hat eine immanente Hierarchie. Auch sie stellt ein Modell der Realität dar, welches einen gewissen Detailgrad aufweist und sich auf einer gedachten Achse zwischen »hochspezifisch« und »ganz allgemein« verorten lässt. Was für den einen zu detailverliebt ist, mag der andere schon als zu ungenau oder sogar als falsch empfinden. Die Wahl der richtigen Detailstufe ist also essenziell bei der Kommunikation mit anderen Menschen. Albert Einstein wird in diesem Zusammenhang weithin das Zitat zugeschrieben: »Mache die Dinge so einfach wie möglich. Aber nicht einfacher!«, siehe beispielsweise (Rau, 1999).

» *Komplexität entsteht durch eine unangemessene Menge an Informationen mit einem zu hohen Detailgrad.*

Für die Wahl der Farbe eines Automobils etwa ist die technische Spezifikation des Bremssystems von eher untergeordneter Bedeutung. Umgekehrt ist für die Überprüfung, ob das Fahrzeug die regulatorischen Anforderungen an das Bremssystem erfüllt, sowohl die Farbe dieses Autos als auch der Katalog aller weiteren angebotenen Farben zweitranging. Interessanterweise bestand zumindest in einer Situation im Jahre 1934 tatsächlich hier einmal ein relevanter Zusammenhang, als bei einem neu konstruierten Rennwagen das Gewichtslimit um ein einziges Kilogramm überschritten wurde und anschließend durch das Abschleifen der Lackierung sowohl das Reglement erfüllt wurde als auch die bis heute berühmten »Silberpfeile« geboren wurden, zumindest laut (Mercedes-Benz AG, 2014).

Zahlreiche Beispiele zeigen, dass dies mitunter auch sehr erfahrenen Mitarbeitern und Führungskräften schwerfällt. Mir fallen dabei sofort typische Regeltermine aus diversen Projekten ein, bei denen die Teilprojektleiter aus teilweise mehreren Firmen zusammenkommen. Der Sinn dieser Termine ist üblicherweise das Verhandeln über aktuelle Projektrisiken und deren mögliche Lösungen, wie etwa notwendige Anpassungen an Projektzielen und Änderungen an der Terminierung. Die Flughöhe ist also sehr hoch, die beteiligten Personen sind mit den Details aus den einzelnen Arbeitspaketen nicht vertraut. Dennoch kommt es immer wieder vor, dass etwa zur Begründung einer Maßnahme sehr detaillierte inhaltliche Informationen gegeben werden, die von den maßgeblichen Entscheidern mangels Detailwissen gar nicht richtig verarbeitet werden können. So werden die von jeweiligen Personen sicherlich gut gemeinten Vorträge von den anderen schlicht als grobe Zeitverschwendung wahrgenommen, was der Stimmung im Projekt nicht unbedingt zuträglich ist.

Dabei stoßen auch verschiedene Denkweisen bei verschiedenen Personen zusammen. Einige sind von Natur aus sehr detailverliebt. Bei diesen entsteht das Verständnis für eine Gesamtsituation erst, wenn viele für sie relevante Faktoren bekannt und diskutiert worden sind. Andere sind eher am »großen Ganzen« und an übergreifenden Zusammenhängen interessiert und empfinden zu viele Details als störend und unfokussiert.

Bei der Konzeption und Programmierung von Computersystemen ergibt sich oft die Herausforderung, einerseits die oftmals sehr zahlreichen Möglichkeiten und Einstellungen des Systems für die Anwender transparent darzustellen, andererseits eine möglichst einfache und intuitiv zu bedienende Oberfläche zur bereitzustellen. Erschwerend kommt hierzu, dass für diese Aufgabe wenig Ressourcen zur Verfügung stehen, da die Umsetzung der Kernfunktionalität verständlicherweise im Normalfall priorisiert wird. Es benötigt also zusätzliche Aufwände, ein bereits funktionierendes System nachträglich bezüglich Benutzerfreundlichkeit zu optimieren. Je kleiner und spezialisierter der Anwenderkreis ist, umso eher bekommt die Software also den Stempel »Experten-System«, Business-Deutsch für: Die erwarteten Einarbeitungsaufwände kommen uns günstiger als die Gestaltung einer guten Oberfläche! Die innere Komplexität der Software wird also partiell zur äußeren gemacht und auf den Anwender ausgelagert. Dass die Bedienung einer solchen Software üblicherweise nicht gerade als vergnügungssteuerpflichtig bewertet wird, sollte nicht allzu überraschend sein (vgl. Abb. 3.1).

Ein vielleicht amüsanteres Beispiel für die Hierarchie von Informationen ist der Bahnhof Shinjuku im gleichnamigen Stadtteil in Tokyo, Japan. Obwohl er nahezu ausschließlich den Regional- und Stadtverkehr bedient, ist dieser Bahnhof mit täglich ca. 3,5 Mio. Fahrgäste der verkehrsreichste weltweit. Der Gesamtkomplex verfügt über 52 Bahnsteige sowie über 200 Ausgänge. Spricht man in Tokyo über diesen Bahnhof, so hat sich jeder – ob Tourist oder Einheimischer – dort in seinem Leben mindestens einmal verlaufen, obwohl japanische Bahnhöfe dafür bekannt sind, über ein nahezu idiotensicheres Beschilderungssystem zu verfügen.

Nach meiner eigenen Erfahrung bei der Suche nach den richtigen Ein- und Ausgängen besteht die Herausforderung bei einer angemessenen Abstraktion und Hierarchisierung der Informationen: Da der Bahnhof seine Umgebung in einen West- und Ostteil zerschneidet, interessiert mich zunächst einmal die Unterscheidung nach Himmelsrichtung. Als nächstes folgt dann der Stadtbezirk, das Viertel, die Straße, und dann der konkrete Ausgang. Das System folgt von der Grundidee her auch diesem Konzept, ist aber mit der Verwendung lediglich eines Buchstabens und einer Zahl systembedingt von Anfang an auf einer zu feinen Detailstufe. So beeindruckte mich der Bahnhof Shinjuku mit einem derart einprägsamen Gefühl des Orientierungsverlusts, dass er sich diese Erwähnung im Buch über Komplexität ehrlich verdient hat!

Abb. 3.1 Auslagern von Komplexität an den Benutzer. (© Eric Burke 2008. Creative Commons Licence, CC-BY 3.0. https://web.archive.org/web/20090218035454/ http://stuffthathappens.com/blog/2008/03/05/simplicity)

3.4 Erkennen und Modellieren von Komplexität im Alltag

Sprechen wir im Alltag mit Personen, so kommt es nicht allzu häufig vor, dass Komplexität als direkte Herausforderung genannt wird. Die Probleme mit Komplexität werden eher symptomatisch wahrgenommen. Beobachten wir etwa das im vorherigen Kapitel durch einen Kontrollverlust hervorgerufene Verhalten, so ist die Interpretation nicht ganz abwegig, dass die vorliegenden Probleme möglicherweise durch ein komplexes System im Hintergrund verursacht worden sind.

3.4.1 Symptome für Komplexität

Im geschäftlichen Umfeld gibt es eine Reihe von Problemfeldern, die häufig direkt oder indirekt durch eine unbeherrschte Komplexität verursacht werden und teilweise bei singulärem Auftreten noch gar nicht als zu lösendes Problem empfunden werden. Erst die Häufung gibt Hinweise darauf, dass sie eventuell die Symptome einer bislang unentdeckten Komplexitätsthematik darstellen.

Zu solchen Komplexitäts-Symptomen können beispielsweise zählen:

- *Überraschungen:* Bei ansonsten gleichbleibenden Bedingungen führen die etablierten Prozesse plötzlich zu unerwarteten Resultaten und Seiteneffekten.
- *Wissens-Silos:* Im Unternehmen eigentlich vorhandenes Fachwissen erreicht nicht alle Stellen, an denen es benötigt wird. Doppelarbeit und Qualitätseinbrüche sind die Folge.
- *Dokumentationsfriedhöfe:* Anleitungen, Berichte und Protokolle werden zwar geschrieben und ordentlich abgelegt, aber nicht gelesen.
- *Effizienzverlust:* Die Effizienz von Prozessen lässt rapide nach, es entstehen immer längere und häufigere Wartezeiten sowie redundante Schleifen.
- *Blindleistung:* Der Anteil an Blindleistung wächst ungebremst, der Anteil irrelevanter und unnötiger Arbeitsleistung steigt im Unternehmen stetig an.
- *Machtlosigkeit:* Mitarbeiter und Unternehmensführung haben zunehmend das Gefühl der Überforderung und fehlender Selbstwirksamkeit.

Charakteristisch ist vor allem der schleichende Übergang vom Normalzustand über ein leichtes »Knirschen im System« bis hin zum völligen Zusammenbruch. Nicht umsonst schätzen viele Unternehmen auch in scheinbar guten Zeiten den *Blick von außen* etwa durch Unternehmensberater: Ihnen können vorherrschende Missstände mitunter deutlicher auffallen als den internen Mitarbeitern, die sich schleichend daran gewöhnt und mit der Situation abgefunden haben.

3.4.2 Kommunikation

Eine besondere Rolle bei Herausforderungen in Unternehmen spielt immer die Kommunikation. Bereits im Abschnitt über Informationshierarchien wurden die Unterschiede in den Denkweisen verschiedener Personen kurz angerissen. In Kap. 5 werden wir uns tiefer mit Sprache und Weltbildern sowie der These beschäftigen, dass die Begriffsbildung in unseren Sprachen selbst eine elementare Form der Komplexitätsreduktion darstellt. Im Folgenden schauen wir uns nun zunächst zwei Beispiele für problematische Kommunikationsmuster an, die auf einen Komplexitätshintergrund schließen lassen.

Im Projektmanagement weiß man: Gute Projektziele sind spezifisch und messbar (»SMART«). Konkret. Sie lassen wenig Interpretationsspielraum. Und doch erlebt man immer wieder, dass Verhandlungspartner insbesondere bei aufkommendem Konfliktpotenzial sich gerne vager und unbestimmter Formulierungen bedienen. Die Werbung ist voll davon: Die neue Version der Software verspricht einen »Performancegewinn von 30 %«, erwähnt dabei aber nicht, bei welchen Szenarien das erreicht werden kann und lässt ebenfalls unerwähnt, ob das uns als Kunden überhaupt betrifft, wenn wir die Software einsetzen. Das neue Auto ist so viel umweltfreundlicher – erst im Kleingedruckten erfährt man, dass man als Referenzmodell bewusst eine derartige Dreckschleuder gewählt hat, dass der beworbene Effekt allein durch die (verpflichtende) Umsetzung der aktuellen gesetzlichen Mindeststandards erreicht worden ist. Und mit den besonders preissensitiven Bereichen wie Mobilfunkverträgen oder Lebensmitteldiscountern (»30 % weniger Zucker!«) fangen wir gar nicht erst an.

Auch abseits von Verhandlungen begegnet uns dieses Muster: Meiner Erfahrung nach kommt in einem stark kooperativ arbeitenden Team die Verbindlichkeit meist etwas zu kurz. Vom Ehrenkodex der drei Musketiere »Einer für alle, alle für einen« ist es nicht weit zu den 4M »Man müsste mal machen« – und je unangenehmer dieses Machen ausfällt, umso höher ist die Wahrscheinlichkeit, dass mit »man« doch sicherlich jemand anderes gemeint ist und folglich zunächst der allseits geschätzte Kollege »Niemand« übernimmt. Klarheit und eine gewisse Verbindlichkeit in der Kommunikation helfen hier, die Erwartungshaltung an das Team zu steuern.

Kommunikation weist selbst eine oftmals unterschätzte Komplexität auf. Nach dem bekannten Vier-Ohren-Modell (Schulz von Thun, 1981) transportiert jeder kommunikative Akt nicht nur den eigentlichen Sachinhalt, sondern hat gleichzeitig noch drei weitere Ebenen: Selbstkundgabe, Beziehung und Appell. Wenn nun schon die Sachebene eine gewisse Komplexität aufweist, so führen die anderen drei Ebenen bei meinem Gegenüber sicherlich nicht zu einem leichteren Verständnis der Komplexität. So kann eine starke Vereinfachung auf der Sachebene leicht dazu führen, dass mein Gegenüber mich für leicht dümmlich hält (Selbstkundgabe), oder glaubt, dass ich ihn für etwas begriffsstutzig halte (Beziehung). Ich habe die Erfahrung gemacht, dass sich dadurch gerade unsichere Personen mit der Kommunikation von Komplexität schwertun und eher dazu tendieren, durch übertriebene Genauigkeit ihren eigenen Status als scheinbarer Wissensträger zu demonstrieren.

3.4.3 Lösung von Alternativproblemen

Komplexität mit ihrer Vereinfachung für Kommunikation mit anderen führt noch zu einem weiteren Phänomen, das vermutlich viele von uns kennen, ohne den Begriff dafür schon einmal gehört zu haben.

Wenn eine Person ein Problem X hat, versucht es zu lösen und dabei an einer Stelle Y steckenbleibt, so wird sie sich vermutlich eher eine Hilfe für Y suchen als für X. Ein Experte aus dem Themenbereich um Y wird also mit einer Problemstellung konfrontiert, die für ihn vom Himmel zu fallen scheint, da der Hilfesuchende den Weg von X nach Y typischerweise zunächst unerwähnt lässt – für ihn ist dieser Teil ja bereits gelöst und somit nicht mehr erwähnenswert. Je weniger Ahnung der Fragesteller nun von Y hat, umso höher ist die Wahrscheinlichkeit, dass sich die Fragestellung innerhalb des Fachgebiets Y eher im Bereich von »in sich völlig unsinnig« bewegt. Der Experte muss also so lange

den Weg in Richtung des Ursprungsproblems X zurückgehen, bis er alle
falschen Schlüsse innerhalb des Gebiets Y eliminiert hat.

Diese Thematik wird dementsprechend auch *XY-Problem* genannt:
Gefragt wird nach Y, obwohl eigentlich X gelöst werden soll.

Insbesondere Juristen und Mediziner werden dieses Problem aus
leidvoller Erfahrung kennen: Wenn eine unheilige Allianz aus Halb-
wissen und Übermotivation aufseiten der Mandanten und Patients
dazu führt, dass der Experte statt einer klaren einfachen Schilderung
des aktuellen Problems ein fantasievolles Theoriegebäude vorgestellt bekommt, so muss erstmal die wahre Problemstellung mühsam rekonstruiert werden. Man kann den Hilfesuchenden auch keinen allzu großen
Vorwurf machen – beide Fachgebiete weisen eine nicht zu leugnende
Komplexität auf. Diese führt dazu, dass Laien zwangsläufig Irrtümern
unterliegen und Fehlschlüsse ziehen – insbesondere, wenn Sachverhalte
zunächst oder auch dauerhaft dem »gesunden Menschenverstand« zu-
widerzulaufen scheinen. Dennoch wäre es oft für alle Beteiligten besser,
wenn die Energie lieber in eine saubere Problembeschreibung fließen
würde als in einen ambitionierten, aber zum Scheitern verurteilten Lö-
sungsansatz.

Generell ist dieses Phänomen eine häufige Gefahr bei der Modellierung komplexer Systeme: Eine Lösung innerhalb eines Modells ist nicht
unbedingt eine Lösung für die reale Situation. Daher ist bei einem erwarteten Auftreten von XY-Problemen sowohl ein pluralistischer Ansatz
mit mehreren, durchaus auch redundanten Modellen sinnvoll als auch
eine regelmäßige Nachschärfung und Justierung ebendieser Modelle an
die Realität.

3.5   Fazit

Die Modellierung ist das zentrale Werkzeug zur Beherrschung von
Komplexität. Es gibt oft zahlreiche Modelle für dieselbe Situation, und
die Auswahl eines geeigneten Modells kann sehr anspruchsvoll werden. Komplexität lässt sich je nach Problemstellung sowohl innerhalb
des Modells abbilden als auch nach außen verlagern. Hier bietet es sich
an, die vielen Dingen innewohnende Hierarchie von Informationen zu

nutzen. Im Alltag erkennen wir Komplexität oft nur indirekt und nutzen Modelle unbewusst – sowohl in der Wahl unserer Kommunikationsstrategien als beim gemeinsamen Lösen von Problemen.

Reflexionsfragen

- Warum ist Modellierung ein mächtiges Werkzeug zur Beherrschung von Komplexität?
- Wie viel Ihres Allgemeinwissens basiert auf Modellen, wie viel auf direkten Erfahrungen?
- Stimmen Sie der Aussage »besser ein schlechtes Modell als gar keines« zu? Warum?
- Was macht für Sie ein »gutes Modell« aus?
- In welchen Situationen ergibt es Sinn, innere Komplexität zulasten äußerer Komplexität abzubauen? Und wann empfiehlt sich das Gegenteil?
- Sind Erzählungen und Geschichten ein gutes Mittel zum Vermitteln komplexer Informationen? Wie sieht gutes Storytelling für Sie aus?
- Rufen Sie sich Situationen ins Gedächtnis, in denen Sie mit belanglosen Informationen zugetextet worden sind. Wie haben Sie sich dabei gefühlt?
- Ergänzung: Hatten Sie schonmal das Gefühl, selbst nicht die richtige Ebene getroffen zu haben? An welchen Reaktionen Ihres Gegenübers haben Sie das bemerkt?
- Welche Symptome für Komplexität kennen Sie aus ihrem beruflichen Umfeld?
- Ein Richtwert bei Kommunikation ist, dass nur 70 % der gewünschten Inhalte vom Sender geäußert werden und davon nur 70 % empfangen werden. Welche Auswirkungen hat das auf redundanzfreie Kommunikation?
- Welche Beispiele für XY-Probleme fallen Ihnen ein? Welche Faktoren begünstigen ihr Auftreten?

4

Bewusster Aufbau von Komplexität

Bislang haben wir uns mit Komplexität befasst, die bereits vorliegt und als Problemquelle identifiziert worden ist. Neben der Beschreibung, möglichen Ursachen und einigen Symptomen von Komplexität haben wir uns vor allem mit Strategien zum Umgang mit ihr beschäftigt und Impulse bekommen, wie Komplexität verstanden, beherrscht und vielleicht sogar gestaltet werden kann.

Die Quelle künstlicher Komplexität ist der Mensch, und in diesem Kapitel werden wir uns mit einigen Gedanken beschäftigen, in welchen Situationen und unter welchen Umständen es sinnvoll oder sogar geboten ist, Komplexität *aufzubauen*. Komplexe Systeme zu erschaffen. Und es dabei zugleich nach Möglichkeit vermeiden, Urheber der Probleme zu werden, die wir in den vorherigen Kapiteln mühsam zu lösen versucht haben.

Das Aufbauen komplexer Regelwerke, wie sie etwa in Form von Gesetzen, Satzungen, Ordnungen und Vertragswerken geschieht, ist hier bewusst ausgespart. Diese sehe ich eher als Modellierung eines komplexen Systems aus gesellschaftlichen und politischen Erwartungen und Nebenbedingungen. Ich gebe allerdings zu, dass die Abgrenzung hier

etwas subjektiv und willkürlich ist – man kann die Prozesse der Regel-
bildung und -gestaltung auch genauso gut als schöpferischen Akt für
Komplexität sehen.

4.1 Komplexität als Wettbewerbsvorteil

Bei den im Rennsport verwendeten Fahrzeugen handelt es sich zweifelsfrei um hochkomplexe Systeme. Ein Teil der Komplexität ist sicherlich
durch das Reglement der jeweiligen Rennserie vorgeben, im Allgemeinen haben diese Regeln aber eher das Ziel, allzu kreative Auswüchse
im Design zu unterbinden. Der Komplexitätstreiber ist hier der direkte
Wettbewerb: Wer sein Fahrzeug am besten auf Fahrervorlieben, Stre-
ckenverhältnisse und Umweltbedingungen abstimmt, fährt schnellere
Zeiten und gewinnt – gnädige Schicksalsgötter vorausgesetzt – auch
mehr Rennen. Damit diese Abstimmung bestmöglich funktioniert, wird
das Gesamtsystem bis zur »edge of chaos« auskonstruiert: die Erzielung
höchstmöglicher Flexibilität, bei der das Zusammenspiel der einzelnen
Einstellungen gerade noch so kontrollierbar ist.

Eine hohe Komplexität ist hier ein Wettbewerbsvorteil. Aber nicht
nur im Sport, sondern auch im wirtschaftlichen Wettstreit kann eine
höhere Flexibilität durch höhere Komplexität einem Konkurrenten
einen Vorteil verschaffen: Wer sein Produkt besser an die Kundenwünsche anpassen kann, hat gerade im stark umkämpften Markt für Pre-
mium-Produkte einen direkten Vorteil. Wessen Produkt bessere technische Eigenschaften hat, steht in den Rankings der Produkttester weiter
oben – und hat auch einen wirtschaftlichen Vorteil, zumindest solange
seine hochkomplexen Produkte die Gewährleistungszeit unbeschadet
überstehen. Und wer sich an eine bislang wenig lukrative Nische her-
anwagt, muss üblicherweise eine lange Entwicklungsperiode einplanen
und eine entsprechend komplexes Produkt erfinden, um am Ende der
einzige Lösungsanbieter für ein exotisches Problem zu werden.

Hier ist also im Gegensatz zu den oben formulierten Strategien gerade keine Vereinfachung gewünscht, sondern der Aufbau bzw. das Nutzen einer tiefen Expertise, um so Probleme lösen zu können, die per se
eine gewisse Komplexität mit sich bringen.

Auch die Branche der Unternehmensberater und Sachverständigen beruft sich auf diese Expertise und verspricht Lösungen für individuelle Probleme. Dabei kommt ihnen die Erfahrung zugute, viele ähnliche Situationen schon einmal gesehen und im Optimalfall auch schon gelöst zu haben. Daraus leiten sie ab, die entsprechende Komplexität beherrschen können, diese auch im individuell an sie herangetragenen Problem zu sehen und ihre Erfahrungen lösungsorientiert anwenden zu können. Im Fall von Gutachtern ist diese Expertise sogar so tiefgehend, dass sich Gerichte und andere öffentliche wie private Stellen darauf verlassen, dass das, was im Gutachten steht, auch richtig ist.

Dabei darf man nicht dem Trugschluss unterliegen, dass möglichst kompliziert formulierte Gutachten und umfangreiche Konzepte richtiger und vollständiger sind als einfache. Denn viele Konzepte aus der Beratung versuchen, möglichst einfach und dennoch universell anwendbar zu sein. Klassische Werkzeuge der Strategieberatung wie die BCG-Matrix, die SWOT-Analyse oder auch das Business-Model-Canvas sind dabei starke Vereinfachungen, welche die Komplexität erst durch das Verwenden von Stichworten reduzieren und diese anschließend in einfache zweidimensionale Raster oder eine Schablone einordnen. Das Ziel in der Anwendung dieser Modellierung ist die Schaffung von Klarheit durch Weglassen aller irrelevanter Aspekte und das Ableiten von Entscheidungen »auf hoher Flughöhe«. Die Kunst besteht darin, anschließend in der Festlegung eines Umsetzungsplans genügend Details wieder zu integrieren, dass der Plan nicht nur »am grünen Tisch« funktioniert, sondern auch anschließend in der Realität.

Das Vertrauen in Expertenwissen, vor allem wenn es nicht im Gewand eines anscheinend einfachen Modells auftritt, führt umgekehrt zu einer ernsthaften Gefahr: Die für viele Themen notwendige Detailtiefe, die inhaltliche Präzision durch korrekte Anwendung einer Fachsprache, das Denken in Szenarien und Annahmen – all dies sorgt dafür, dass der Außenstehende, der Kunde, die tatsächlich notwendige Detailtiefe und die damit verbundene Komplexität nicht mehr einschätzen kann. Somit hat er keinerlei Kontrolle darüber, ob die Arbeit des Experten an dieser Stelle wirklich notwendig ist, oder ob hier der Informations- und Wissensvorsprung schlicht ausgenutzt wird, um eine Leistung zu verkaufen, die der Kunde in Wirklichkeit gar nicht braucht. Dabei hilft es dem unseriös agierenden Experten, eigentlich einfache Dinge deutlich komplexer darzustellen, als sie eigentlich sind – es wird also eine Kompliziertheit aufgebaut und als Komplexität verkauft.

>> *Kompliziert kann jeder – der wahre Experte beherrscht seine Thematik so, dass er die Komplexität adressatengerecht und für verschiedene Zielgruppen verständlich darstellen kann.*

Umgekehrt, und das ist aus meiner Erfahrung sogar der häufigere Fall, steht keine böse Absicht hinter einem solchen Verhalten. Vielmehr ist es eine Variante des in der Populärwissenschaft gern angeführten »Dunning-Kruger-Effekts«. Dieser besagt, dass wahre Experten ihr Können tendenziell unterschätzen, wohingegen fortgeschrittene Anfänger nach Überwinden der ersten Hürden ihr Können eher maßlos überschätzen. Gerät man nun an einen solchen selbsternannten Pseudo-Experten, so wird einem schnell eine Art Komplexitätspalast als notwendig eingeredet, der von einem echten Experten leicht als überflüssig oder sogar kontraproduktiv entlarvt werden würde.

Ein Anzeichen für diese Situation kann eine unangemessen tiefe Informationsebene sein, die den Kunden mit unwesentlichen Details überflutet. Dabei werden beispielsweise umfangreiche Datentabellen und komplizierte Diagramme verwendet, statt auf einfache Symbolik und prägnante Schlagworte zurückzugreifen (siehe auch Abb. 4.1).

Das wahre Können des Experten zeigt sich darin, Sachverhalte so einfach darstellen zu können, wie es der Sache dienlich ist, ohne dabei durch zu starke Vereinfachung zu Fehlschlüssen zu verleiten. Es braucht ein tiefes Verständnis komplexer Sachverhalte, um diese auf das Wesentliche zu reduzieren und in einfachen Worten und Bildern auszudrücken! Denn um etwas einfach und leicht fasslich erklären zu können, muss man es wirklich verstanden haben.

Komplexität ist für einige zum Herrschaftsinstrument geworden und wird als Werkzeug genutzt, um den eigenen Status zu erhöhen. Wer

Abb. 4.1 Verwendung von Komplexität als Mittel zum Zweck. (© Joscha Sauer 2023. All Rights Reserved. https://joscha.com/nichtlustig/231217/)

versteht, wodurch Situationen beeinflusst werden, kann diese besser kontrollieren. Und wer dann auch noch die kompliziertesten Sätze formulieren kann, glaubt der Gebildetste von allen zu sein und damit natürlich am meisten Recht zu haben!

4.2   Der Nutzen strukturierter Daten

Eine nicht zu unterschätzende Ursache von Komplexität sind Informationen und deren Verarbeitung. Etwas zu wissen, dieses Wissen mit anderen zu teilen, auf Bedarf verfügbar zu machen und dann auch noch im angemessenen Detailgrad anzuwenden, ist eine Herausforderung, mit denen sich die Gesellschaft und Unternehmen gleichermaßen konfrontiert sehen. Die unkontrollierte Informationsflut des 21. Jahrhunderts stellt neue Anforderungen an unseren Umgang mit echtem und vorgeblichem Wissen – und wird zusätzlich erschwert durch die Zunahme von Falschinformationen. Diese sogenannten »Fake News« haben viele Quellen: Satirische Überspitzungen, bewusst gesteuerte Desinformationskampagnen aus politischen oder wirtschaftlichen Gründen, aber auch den fahrlässigen Umgang mit Sprachmodellen, die auf Knopfdruck scheinbar intelligente Texte verfassen, deren Richtigkeit und inhaltliche Qualität aber von der dahinterliegenden Algorithmik nicht garantiert wird.

Die Grundlage aller dieser Informationen sind Daten – also die Repräsentation von Informationen in Computersystemen. Daten können alles sein: Zahlen, Buchstaben, Tabellen, Texte, Bilder, Sounds, Videos, … Unabhängig von der Form der Daten ist ihr Kontext wichtig: Eine Zahl wie »-20 %« allein sagt nicht viel aus – beschreibt sie einen realisierten Rabatt oder die Umsatzprognose für das nächste Jahr?

Bei der Erfassung dieser Daten haben sich zwei grundsätzliche Ansätze herausgebildet: strukturiert und unstrukturiert. Dabei folgen strukturierte Daten der namensgebenden extern vorgegebenen Struktur, beispielsweise Einträge in einem Formular. Unstrukturierte Daten hingegen tragen Kontextwissen in sich, wie etwa ein Foto von einer Rechnung. Der Unterschied ist also, zu welchem Zeitpunkt das Kontextwissen über die Daten explizit gemacht wird: Bei strukturierten Daten geschieht dies bereits bei der Erfassung, bei unstrukturierten Daten erst zum Zeitpunkt der Verwendung der Daten.

Im letzten Jahrhundert bestand das Ziel meist darin, Daten direkt strukturiert zu erfassen, etwa in Datenbanken oder größeren *Data Warehouses*. Hier ist genau vorgegeben, welche Daten welche Form haben und wie sie zusammengehören. Dieser Ansatz hat große Vorteile für die weitere Verarbeitung der Daten, so können die Daten direkt nach verschiedenen Aspekten sortiert, durchsucht, gefiltert, aggregiert (also zusammengefasst und damit vergröbert) und weiterverarbeitet werden. Die Komplexität steckt also bereits im Datenmodell.

Allerdings limitiert dieser Ansatz auch – sämtliche Zusatzinformationen, die man gerne auf den Seitenrand des Formulars geschrieben hätte, werden nicht erfasst und existieren daher nicht. Möchte ich also strukturierte Daten für eine Fragestellung auswerten, wofür sie nicht erfasst worden sind, ist damit zu rechnen, dass hohe zusätzliche Aufwände erforderlich sein werden – falls es überhaupt möglich ist.

Unter dem Stichwort *Big Data* wurden große Sammlungen strukturierter Daten als »Öl des 21. Jahrhunderts« gefeiert – liegt der Gedanke
doch nahe, dass ich mit hinreichend vielen Daten, genügend Rechen-
power und hochbezahlten Statistikexperten alles über meine Produkte,
meine Kunden und mein geschäftliches Umfeld herausfinde!

Umgekehrt wurden in den letzten Jahren durch die Zunahme von
zunächst unstrukturierten Daten wie Bildern und Videos, aber auch
Texteingaben ohne enge Vorgaben, verstärkt Ansätze verfolgt, auch
diese Art von Daten in einen Goldtopf zu verwandeln. Hierbei werden
die Daten zunächst lediglich erfasst und abgespeichert. Im Gegensatz zu
den bekannten strukturierten Datenbanken kommen hier neuere Methoden wie die sogenannten *Data Lakes* zum Einsatz.

Da auf unstrukturierten Daten die oben genannten Mechanismen
wie schnelle Durchsuchbarkeit und Sortierung fehlen, werden zusätzliche Schichten auf diese Daten gelegt, die eine Art Katalog darstellen,
welche Informationseinheiten wo zu finden sind. Die Idee ist nun, je
nach Fragestellung einen angepassten Katalog anzuwenden und auf
diese Weise die Daten für verschiedene Verwendungszwecke nutzen zu
können. Bei unstrukturierten Daten liegt also die gesamte Komplexität in den Daten selbst und die für die Weiterverwendung notwendige
Komplexitätsreduktion wird erst im Zuge der Auswertung für die konkrete Fragestellung durchgeführt – wie eine strukturgebende Schablone,
die an die Daten angelegt wird.

> **»** *Bei strukturierten Daten liegt die Komplexi-*
> *tät im Datenmodell; bei unstrukturierten*
> *Daten steckt sie in den Daten selbst.*

Bei unstrukturierten Daten ist die Chance viel höher, dass auch bislang
nicht bewusst erfasste Informationen beiläufig miterfasst worden sind.
Um diese zugreifbar zu machen, bieten sich Methoden des maschinellen
Lernens und generell der künstlichen Intelligenz wie etwa automatische
Texterkennung an. Diese bieten den großen Vorteil, Daten quasi nach-
träglich zu strukturieren.

Dabei ist zu berücksichtigen, dass diese grundsätzlich fehlerbehaftet sind – mit steigender Qualität dieser modernen Lösungen stellt sich aber in nicht allzu ferner Zukunft die Frage, ob die KI beim Strukturieren nachher sogar weniger Fehler macht als der Mensch bei der direkten Eingabe von Daten in strukturierter Form. Eventuell erweist sich hier der Computer als wahrer Komplexitätsbeherrscher, der es uns in Zukunft erlaubt, gänzlich auf die strukturierte Erfassung von Daten zu verzichten – bei jeder Steuererklärung warte ich sehnsüchtiger darauf!

4.3   Die Freude an Herausforderungen

Ein gänzlich anderer Ursprung für Komplexität liegt an der Freude des Menschen an spielerischen Herausforderungen. Wir üben Tätigkeit um ihrer selbst willen aus, wir spielen. Dabei ist vielen Spielen gemein, dass sie eine hinreichende Tiefe und Vielschichtigkeit aufweisen und so ihren Spielern einen gewissen Unterhaltungswert bieten. Dabei reicht die Bandbreite von sehr einfachen Spielen, deren Regeln und Strategien nach wenigen Sekunden des Zuschauens verstanden und angewendet werden können bis hin zu hochkomplexen Spielen, die man trotz lebenslanger Hingabe niemals vollständig beherrschen kann.

Auch auf den ersten Blick nicht als typisches Spiel klassifizierbare Tätigkeiten können viele Menschen lange Zeit beschäftigen, etwa das Lösen von Denksportaufgaben wie Sudoku oder Kreuzworträtsel. Dabei ist es wichtig, für jeden Spieler die individuelle Balance zwischen Unter- und Überforderung zu finden – ist für uns ein Spiel zu einfach oder eintönig, finden wir es schnell langweilig, ist es zu schwierig und haben wir keine Erfolgserlebnisse, so verlieren wir ebenfalls schnell das Interesse daran.

Um diese Balance zu erreichen, benötigen Spiele eine hinreichend hohe Komplexität. Sie dürfen nicht so durchschaubar sein, dass wir nach einigen absolvierten Spielen die Muster zum bestmöglichen Spiel herausgefunden haben und das Spiel damit schnell gelöst haben. Daher ist es eine besondere Herausforderung für Designer von Spielen, diese Balance für eine möglichst große Zielgruppe zu finden und ihre Spiele so zu gestalten, dass auch bei häufigem Spiel die ursprüngliche Faszination erhalten bleibt.

» *Komplexität beherrschen macht Spaß!*

Eine besondere wirtschaftliche Bedeutung gewinnt diese Form der Komplexität bei der sogenannten *Gamification,* also der Erweiterung von eher unattraktiven Aufgaben um spielerische Elemente wie Punkte, Fortschrittsindikatoren, Bestenlisten und Auszeichnungen (»Awards« oder »Achievements«). Dieser Ansatz verspricht sowohl die Steigerung der Motivation als auch der Qualität der Arbeitsergebnisse: Durch die Stimulation des menschlichen Spieltriebs wird die als monoton oder uninteressant empfundene Aufgabe attraktiver, siehe etwa (Stampfl, 2016).

Auch die tragbaren Fitness-Tracker, die unsere Bewegung messen und uns feiern, wenn wir ein Tagesziel erreicht haben, Apps auf dem Smartphone, bei denen man beispielsweise einen virtuellen Garten pflegt, wenn man länger explizit nicht auf den Bildschirm schaut, oder Kenngrößen wie der persönliche »ökologische Fußabdruck« fallen darunter. So wird Gamification auch verwendet, um gesellschaftliche Verhaltensänderungen zu unterstützen oder zu forcieren.

Hierbei ist bei der Gestaltung noch mehr als im klassischen Spieledesign darauf zu achten, dass die anvisierte Zielgruppe auch tatsächlich für das angedachte Spiel zu begeistern ist – eine schlechte Gamification kann den Nutzen ins Gegenteil verkehren, wenn der schlechte Eindruck des Spiels auf die eigentliche Tätigkeit übertragen wird. Insbesondere bei als nicht angemessen empfundenen Spielkonzepten fühlen wir uns leicht verbalbert, nicht ernst genommen und entziehen dem Urheber unser Vertrauen auch in anderen Belangen.

4.4   Die Praxis der Wappenkunde

In diesem Abschnitt schauen wir uns exemplarisch für den Aufbau eines mittlerweile komplexen Systems die Heraldik, d. h. die Wappenkunde an. Deren Komplexität ist eine komplett menschengemachte und beruht auf einigen wenigen Anforderungen aus vergangenen Zeiten. Diese haben sich auf eine nahezu evolutionär anmutende, natürliche Art und Weise über die Jahrhunderte zu dem entwickelt, was wir heute noch auf nahezu allen offiziellen Dokumenten wiederfinden – vom einfachen Brief vom Finanzamt bis hin zur notariellen Urkunde. Für eine umfassende Einführung in dieses Themengebiet siehe (Peter, 2021).

Wenn wir uns in die Hochzeit des Rittertums versetzen, vor knapp 1000 Jahren, so sehen wir Ritter in bedrohlich wirkenden, unpersönlichen Metallrüstungen vor uns, von denen wir auf Anhieb nicht sagen können, ob sie uns freundlich oder feindlich gesinnt sind. Eine naheliegende Idee war, diese tollkühnen Männer in ihren Blechbüchsen zu bemalen – mit einfachen Mustern und geometrischen Figuren (sogenannten Heroldsbildern) oder einfachen Figuren, um sie so unterscheidbar zu machen. Jede hinreichend relevante Familie bekam dabei ihr eigenes Motiv. Damit das mit dem Unterscheiden auch zuverlässig funktioniert, wurden einige Regeln aufgestellt: Metalle sind immer gelb (Gold) oder weiß (Silber) und es gibt nur die vier Farben Schwarz, Rot, Blau und Grün. Später kamen je nach Tradition noch Braun und Purpur hinzu.

Weiterhin musste man den Wappenschild natürlich auch auf Entfernung erkennen können, daher galt: Farbe nur auf Metall und umgekehrt, und möglichst nicht aneinander angrenzend, um so einen maximalen Farbkontrast und damit bestmögliche Sichtbarkeit zu erzielen – dasselbe Prinzip liegt auch den heutigen Verkehrsschildern zu Grunde. Und ebenfalls zur Erhöhung der Sichtbarkeit wurden die Figuren möglichst raumfüllend dargestellt und abstrahiert (und weil man das Aussehen mancher exotischer Tiere eh nicht so genau kannte). So kommt es, dass z. B. bei vielen Pflanzen nur die Blüte stilisiert dargestellt wird – das Wappen der vormaligen französischen Könige etwa zeigt drei stilisierte Lilien, die auch von Botanikern sicherlich nur schwerlich als solche erkannt werden würden.

Im Gegensatz zu den heutigen Marken und Geschmacksmustern, bei denen eine konkrete grafische Umsetzung verbindlich ist, stellt in der Heraldik die Beschreibung des Wappens, der sogenannte Blason, das eigentliche originäre Wappen selbst dar. Zur Beschreibung des Wappenaufbaus hat sich schon früh eine äußerst knappe und präzise Sprache entwickelt, welche die wesentlichen Elemente und ihre Anordnung so beschreibt, dass jeder Wappenkünstler in der Lage ist, das entsprechende Wappen nur auf Basis einiger Worte zu zeichnen (»aufzureißen«). Ein wunderschönes Beispiel für die Gestaltung künstlicher Komplexität!

Da in der Heraldik nur wenig Farben vorkommen, kann man diese durch eindeutige Schraffierungen abbilden, was sich sowohl im die letzten Jahrhunderte vorherrschenden Schwarz-Weiß-Druck als auch beim Prägen von Münzen oder beim Abdruck von Siegelstempeln als sehr praktisch erwiesen hat. Diese Schraffuren sind international einheitlich und ermöglichen so die klare Farbzuordnung auch von sehr ähnlichen Wappen, wie etwa die Wappen von Griechenland und Italien auf den in Abb. 4.2 dargestellten Goldmünzen der lateinischen Münzunion, quasi dem Euro des 19. Jahrhunderts, welche die Münzwerte großer Teile Europas harmonisierte.

Viele Ereignisse der Geschichte haben ihre Spuren unmittelbar in Wappen hinterlassen, und durch wechselnde Herrschaften, Vereinigungen, Abspaltungen, Heiraten sowie Seiten- und Bastardlinien haben sich mannigfaltige kombinierte Wappenbilder ergeben. Die Bilder mittelalterlicher Familien wie etwa der Wittelsbacher (Bayerische Rauten, Pfälzer Löwe), der Ludowinger (bunter Löwe in Hessen und Thüringen)

Abb. 4.2 Ersetzen von Farben durch eindeutige Schraffuren bei historischen Münzen. (© Harald Grohganz, 2024. All Rights Reserved.)

und der Staufer (schwäbische »Stauferlöwen«) haben durch die Jahrhunderte ihren Weg in die Wappen von Kommunen, Kreisen und Ländern gefunden. So gesehen bildet die Komplexität der heutigen Wappenwelt die Komplexität der Geschichte ab und modelliert sie in einer greifbaren Form mit hohem Wiedererkennungswert.

4.5   Fazit

Komplexität kann bewusst eingesetzt ein wichtiger Wettbewerbsvorteil für Experten und Berater darstellen. Allerdings besteht dabei auch die Gefahr, dass sie zur Einschüchterung missbraucht wird. Beim Erfassen und Speichern von Daten wird sie bewusst aufgebaut, um bei der Auswertung Vorteile zu erlangen, und bei Spielen ist sie ein essenzieller Bestandteil für den Unterhaltungswert. Die Wappenkunde ist ein Beispiel dafür, wie ein ursprünglich zur Vereinfachung entwickeltes System über die Jahrhunderte eine sehr hohe Komplexität erreicht hat.

Reflexionsfragen

- Wann brauchen komplexe Herausforderungen auch komplexe Lösungen?
- Wie kann ich als Kunde feststellen, ob ein engagierter Experte das richtige Maß an Komplexität wählt?
- Wie kann ich als Dienstleister meinen Kunden überzeugen, dass ein gewisses Maß an Komplexität nötig ist?
- Welche Beispiele für strukturierte Daten fallen Ihnen ein? Was haben diese Beispiele gemeinsam?
- Für welche konkreten Anwendungsfälle kann es vorteilhaft sein, Daten unstrukturiert zu erheben?
- Stimmen Sie der Aussage »Gamification hat im seriösen Business-Umfeld nichts verloren« zu?
- Ich habe hier als ein Beispiel für Komplexität die Wappenkunde gewählt. Welche anderen Beispiele aus Ihrem Umfeld fallen Ihnen ein, welches hätten Sie gewählt?

5

Natürliche Komplexitätsreduktion: Sprache und Weltbilder

In den bisherigen Kapiteln haben wir Komplexität näher beleuchtet und konkrete Strategien zur Bewältigung der durch sie hervorgerufenen Herausforderungen besprochen. Insbesondere die Modellierung, also die Abbildung eines komplexen Systems durch ein anderes, weniger komplexes System, ist dabei eine wesentliche Herangehensweise.

In diesem Kapitel gehen wir darauf ein, wie fundamental dieser Ansatz ist. Denn schon die Sprache, die wir benutzen, ist selbst ist ein Werkzeug zur Komplexitätsreduktion. Die Begriffe, die wir benutzen, die sprachlichen Bilder, mit denen wir unsere Sprache lebendig werden lassen: Sie transportieren unsere Vorstellungen, unsere Realität, unser Modell des komplexen Systems »Umwelt«, in dem wir uns bewegen. Wir nutzen Sprache auf Basis der Summe unserer gemachten Erfahrungen – und diese Komplexität wird uns vor allem dann bewusst, wenn wir mit anderen Menschen kommunizieren. Jedes Missverständnis, jede Fehlkommunikation ist ein Hinweis darauf, an welcher Stelle ihr Modell der Welt von unserem abweicht.

5.1   Abstraktion und Sprache

Das komplexeste System, mit dem wir es zu tun haben, ist permanent rund um uns herum: Unsere Umwelt, die Realität. Statt jetzt tief in die Philosophie abzutauchen und die Frage zu diskutieren, was diese Realität überhaupt ist und ob wir sie sinnvoll beschreiben können, wählen wir einen pragmatischen Ansatz und beherrschen die Komplexität: Egal, wie diese Realität ist und was alles damit zusammenhängt, wir machen uns ein Modell darüber und bleiben im Folgenden innerhalb dieses Modells. Dieses Modell ist die Sprache, die Worte verwendet, um Phänomene unserer Umwelt beschreibbar zu machen.

Dabei hängen die Worte »Begriff« und »begreifen« sehr eng zusammen. Begriffe abstrahieren Aspekte unserer Wahrnehmung – sie machen sie begreifbar. Ein Tier, das watschelt und quakt wie eine Ente, ist vermutlich auch eine. Oder, um im Terminus dieses Buchs zu bleiben: Sprache reduziert Komplexität. Sie definiert das Modell, durch das wir die Welt wahrnehmen und über sie sprechen können – unser Weltbild.

Diese Idee ist auch in der jüdisch-christlichen Tradition bekannt. In der *Schöpfungsgeschichte* wird als allererste aktive Tätigkeit des Menschen die Klassifikation von Lebewesen beschrieben: »Gott [...] führte [die Tiere] dem Menschen zu, um zu sehen, wie er sie benennen würde. Und wie der Mensch jedes lebendige Wesen benannte, so sollte sein Name sein.« (Gen 2.19, EÜ).

Die Benennung erfolgt also getrennt vom Akt der Schöpfung, sie wird explizit dem Menschen zugeschrieben. Der Schöpfer des Systems, der Erschaffer seiner Komplexität benötigt keine Werkzeuge zu ihrer Beherrschung, für ihn steht jedes Lebewesen, jedes Ding, jede Entität singulär. Dahingegen ist die Zusammenfassung und Abgrenzung, die Abstraktionsebene von Namen und Eigenschaften sowie die Notwendigkeit der Begriffsbildung als Voraussetzung für das Begreifen seiner Umwelt etwas zutiefst Menschliches. Komplexitätsreduktion in der Morgendämmerung unserer Zivilisation.

Einen vergleichbaren, aber gleichsam umgekehrten Ansatz finden wir auch bei *Platons Ideenlehre:* Der griechische Philosoph sieht ausschließlich die abstrakten Ideen (für mich gleich zu setzen mit den sprachlichen Abstraktionen) als real an und erklärt die sinnlich erfassbare Welt zu Abbildern eben jener Ideen. Hier sagt nicht der Mensch zum realen Pferd, dass es »Pferd« heißen soll, sondern im Ideenreich existiert ein Urbild aller Pferde, und die konkreten passenden Lebewesen auf den Weiden und in den Ställen sind lediglich Abbilder.

Platons Ansatz kann auf Basis unserer realen Erfahrungen vielleicht als etwas weltfremd angesehen werden, er hat aber einen großen Vorteil: Es lassen sich auch komplexere Gedanken als Idee manifestieren, ohne dass man auf eine direkte Entsprechung in der Realität zurückgreifen muss. Abstrakte Entitäten wie etwa die Zahl »Zwei«, Begriffe wie Moral, Liebe oder Pflicht sind deutlich schwieriger fasslich als Namen von Tieren oder Gegenständen. Einhörner können begriffstechnisch genauso real sein wie Pferde, wir haben lediglich keinen direkten Kontakt zu Abbildern in unserer Umwelt. Und gerade über Fabelwesen herrscht ein derartiger Konsens, dass Kinder eher in der Lage zu sein scheinen, einen Feuerdrachen zu erkennen als sicher zu wissen, dass (reale) Kühe nicht lila sind.

Das liefert uns auch direkt ein einfaches Gütekriterium für Modelle: Je besser meine Sinneseindrücke mit meiner gedanklichen Modellierung übereinstimmen, umso besser ist mein Modell. »Survival of the fittest« im wörtlichen Sinne. Aber Vorsicht: Das Gehirn neigt dazu, Informationen zu verwerfen, die nicht ins eigene Modell passen!

❯❯ Das eigene Weltbild ist für den Menschen Realität.

Bereits im Modellierungskapitel haben wir Experimente als Abgleich des Modells mit der Realität betrachtet. Und genau dasselbe gilt auch hier: Experimente sind nichts anderes als kontrollierte Beobachtungen der Natur, also eine radikale Reduktion der Komplexität auf einen winzig kleinen Teil der Welt – und zwar genau den Teil, den wir für die aktuelle Fragestellung gerade brauchen. Sie überprüfen, ob eine in unserem Weltbild geschlossene Schlussfolgerung mit der realen Welt übereinstimmt oder nicht.

Der konkrete Nutzen dieser Überlegungen offenbart sich bei der Selbstreflexion: Sind meine Vorstellungen, meine Assoziationen mit gewissen Worten universell gültig, oder gelten diese Dinge nur für mich? Bin ich in meinem Weltbild gefangen oder ist mir bewusst, dass ich meine Werte, meine Moral, aber auch schlicht meine Erwartungen nicht implizit bei anderen voraussetzen darf? Sind Dinge, die mir wichtig sind, auch anderen wichtig? Und wenn nicht, worauf lasse ich mich ein, wo gebe ich dem Weltbild des Anderen Raum?

Diese Gedanken mögen teilweise trivial erscheinen, aber sie sind ein fundamentaler Gegensatz zu einer starren Dogmatik. In Gesellschaften, egal ob politisch, sozial oder wirtschaftlich, ob in der Familie, im Verein oder im Unternehmen: Wir sind ständig mit unumstößlichen Wahrheiten konfrontiert, die nicht infrage gestellt werden. Dabei hilft es, sich zu vergegenwärtigen, dass dies alles nur Modelle sind, die sich Menschen geschaffen haben, um mit der Komplexität der sie umgebenden Welt klarzukommen.

5.2 Konflikte und Verhandlung

Eine besondere Relevanz erhalten die Überlegungen zu Modellen und Weltbildern in dem Moment, in dem widersprüchliche Vorstellungen der Welt aufeinanderprallen. Ein anderer Mensch widerspricht dem, was für mich selbstverständlich ist und bringt damit mein Weltbild ins Wanken. Üblicherweise ist die erste Reaktion darauf ein Widerspruch, da jeder Mensch sein Weltbild auf Basis seiner bisherigen Erfahrungen und seines Wissens errichtet hat und ein Widerstand ihm somit den Eindruck gibt, dass ihm entweder ein Teil seiner Erfahrungen oder die Korrektheit seiner Schlussfolgerungen abgesprochen werden.

Daher ist es nur natürlich, wenn Menschen sich bevorzugt mit Leuten mit ähnlichen Hintergründen umgeben. Auch verwechseln wir gerne und mit bisweilen unanständiger Begeisterung die Intelligenz und die Denkweise anderer Menschen: Je ähnlicher jemand so denkt wie wir, desto eher sind wir dazu geneigt, ihm oder ihr eine hohe Intelligenz zuzusprechen. Wer hingegen eine fundamental andere Sichtweise auf die für uns relevanten Themen vertritt, der mag vielleicht in unseren Augen kein vollkommener Idiot sein, aber dennoch bevorzugen viele von uns den Austausch und die Gesellschaft von Menschen, die nicht nur unsere Werte und Moralvorstellungen, sondern auch unsere Meinungen teilen.

Das Umgeben nur mit ähnlich Denkenden ist typisch für Social Media und wird dort üblicherweise mit dem Begriff *Filterblase* bezeichnet: Durch das Wegfiltern anderer Meinungen entsteht eine Blase, die sich von der Außenwelt entfremdet. Das birgt große Gefahren für die Gesellschaft: Durch das Ausblenden anderer Ansichten wird den Bewohnern dieser Blasen die Möglichkeit zum Anpassen ihrer Weltbilder genommen. Wenn extreme Ansichten unwidersprochen bleiben, verstärken sie sich immer weiter. Die Regulierung durch bewusste Experimente, also kontrollierte und ergebnisoffene Fragen an die Realität, bleibt aus und die Meinungen verfestigen sich weiter.

Daher ist der offene Austausch mit Andersdenkenden so wichtig, oder, wie der Volksmund weiß, »Reisen bildet«! Hierbei sehe ich Bildung (im Gegensatz zur Ausbildung) weniger in der Summe aller erworbenen Fertigkeiten und Kenntnisse, sondern vielmehr in der Fähigkeit und der Bereitschaft, die Grenzen seines eigenen Weltbildes zu kennen, Neues zu lernen und Überholtes zu ersetzen.

> **» Gebildet sein bedeutet auch, sein eigenes Weltbild hinterfragen zu können und an neue Erkenntnisse anzupassen.**

Je abstrakter eine Idee oder ein Begriff ist, desto fortgeschrittener muss die Modellierung in den einzelnen Köpfen sein und desto höher ist folglich die Wahrscheinlichkeit für Missverständnisse. Gerade im beruflichen Umfeld ist diese Gefahr sehr groß, da wir einerseits wenig Auswahlmöglichkeiten bei der Wahl unserer Gesprächspartner haben und eher als im Privaten mit anderen Vorstellungen konfrontiert werden können und andererseits – je nach beruflichem Umfeld – die Ideen abstrakter werden: Fähigkeiten werden als »selbstverständlich« vorausgesetzt, die Unternehmenskultur bestimmt Umgangsformen, Denkmuster und Handlungsweisen, und der Mensch tritt zumeist in seiner definierten Rolle auf, die vermutlich nicht vollständig mit ihm als Person übereinstimmt.

Daher ist das Thema Konflikte und Diskursfähigkeit essenziell im beruflichen Umfeld und eng verbunden mit der Komplexität der heutigen Arbeitswelt. Es gibt unzählige Ratgeber zu diesen Themenbereichen, daher beschränken wir uns hier auf zwei Beispiele, von denen ich persönlich in meiner Tätigkeit als Führungskraft bislang am meisten profitiert habe: das Harvard-Konzept und Konfliktgespräche.

Das *Harvard-Konzept* ist eine Verhandlungsstrategie, die zwischen der Position und der Motivation eines Gesprächspartners unterscheidet (Fisher et al., 1984). Dabei ist die Position meine aktive Forderung. Diese gebe ich preis, sie ist Grundlage meiner Verhandlungtaktik. Ein möglichst günstiger Preis etwa, oder eine möglichst hohe Qualität. Die Motivation hingegen ist das, was mich wirklich antreibt. Was ich will. Denn oft will ich etwas anderes als was ich fordere. Statt einem möglichst günstigen Preis möchte ich vielleicht einen möglichst hohen Rabatt – und das gute Gefühl, für etwas weniger bezahlen zu müssen als es wirklich wert ist. Auf einer persönlichen Ebene: Das Gefühl, gerissener gewesen zu sein als mein Verhandlungspartner. Oder systembedingt: Als Einkäufer maximiere ich meinen Bonus, wenn ich nicht nach dem Endpreis, sondern nach dem ausgehandelten Rabatt bonifiziert werde.

Eine Verhandlung ist eine komplexe Situation. Das Modell einer Trennung zwischen Motivation und Position hilft sowohl dabei, für sich selbst die roten Linien besser definieren zu können, als auch eher einen Konsens zu finden. Nicht selten kommt es vor, dass sich die Positionen der Verhandlungspartner zwar widersprechen, es aber eine Lösung gibt, die mit den unterschiedlichen Motivationen konform geht.

Eine ähnliche Überlegung steht auch hinter einem erfolgversprechenden Ansatz, *Konfliktgespräche* zu führen. Oft steckt hinter einem Konflikt ein Missverständnis, eine unabsichtliche Kränkung, eine abweichende Sicht auf den angemessenen Umgang miteinander. Als Führungskraft kann man solche Situationen im eigenen Team am ehesten angehen, indem zunächst der erste Kontrahent das Streitthema aus seiner Sicht schildert. Anschließend gibt der zweite Kontrahent das Gehörte mit eigenen Worten wieder. Dies hat zwei Effekte: Verständnisfragen können direkt geklärt werden, und man ist gezwungen, zumindest kurzzeitig die Sichtweise des anderen einzunehmen, wenn auch nur reproduzierend. Anschließend vertauscht man die Rollen: Der Zweite schildert seine Sicht auf den Konflikt und der Erste gibt es wieder. Erst dann werden Argumente ausgetauscht und eine Lösung des Konflikts kann erarbeitet werden.

Oft kommt es gar nicht dazu, denn schon durch die wechselseitigen Wiedergaben haben zumindest empathisch nicht völlig unbegabte Personen bereits für sich Mittel und Wege gefunden, den Konflikt zu entschärfen. Wichtig ist dabei aktives Zuhören. Denn hierbei höre ich nicht zu, um zu widersprechen (was Menschen ehrlicherweise sehr häufig und gerne tun), sondern um die Gegenseite wirklich zu verstehen. Ihr Weltbild nachzuvollziehen. Denn nur dann kann ich danach deutlich machen, an welcher Stelle ich anderer Meinung bin.

Die Wahrscheinlichkeit für das Auftreten von Konflikten durch Missverständnisse und verschiedene Weltsichten ist in heterogenen Teams höher, da hier das Team auf weniger gemeinsame Denkweisen und Erfahrungen zurückgreifen kann. Sind beispielsweise in einem eher technisch orientierten Unternehmen viele Personen mit naturwissenschaftlicher Hochschulausbildung wie Physiker oder Mathematiker beschäftigt, so wirkt die interne Kommunikation auf einen Außenstehenden schnell unvollständig oder sogar missverständlich. Dabei ist die größte Hürde nicht das innerhalb der Gruppe verwendete Fachvokabular, sondern vielmehr die Vielzahl an Dingen, die *nicht* gesagt werden. Denn durch ihre gemeinsamen Erfahrungen schließt die Gruppe diese Lücken selbstständig, wohingegen ein Außenstehender basierend auf seinen andersartigen Erfahrungen diese Lücken nicht oder komplett anders schließt. Eine berufliche Filterblase.

Die Unternehmenskultur vieler kleiner und auch mittelständischer Unternehmen ist das Ergebnis dieser Entwicklung. Ein ernsthaftes Problem entsteht dann, wenn Externe wie andere Unternehmensbereiche, Kunden oder Partner mit diesen homogenen Teams interagieren müssen und die Mitarbeiter den beruflichen Umgang mit Außenstehenden nicht gewohnt sind.

Eine Lösung kann hier sein, die Homogenität bewusst aufzubrechen. Mehr Diversität in die Teams zu bringen, sowohl in Hinblick auf bisherige Erfahrungen und Ausbildungen als auch kulturelle oder soziale Unterschiede. Damit sind die Bedürfnisse der Außenstehenden deutlich leichter zu berücksichtigen und die Arbeitsergebnisse werden besser kommunizierbar. Man stelle sich eine Gruppe Programmierer vor, die untereinander zwar sehr effizient über die komplexesten Algorithmen, fachlich schwierigste Spezifikationen und technisch anspruchsvollste Details reden können, ihr Produkt aber weder anwenderorientiert designen noch es ihren potenziellen Kunden oder auch nur den eigenen Vertriebskollegen so erläutern können, dass diese darin einen konkreten Nutzen sehen. In einem heterogenen Team bestünde die Notwendigkeit einer anwenderorientierten Herangehensweise von Anfang an, da nur so alle Teammitglieder integriert werden und wertschöpfend mitarbeiten können.

Solange sie faktenbasiert und gut durchdacht sind, stellen abweichende Meinungen keine Bedrohung dar; sie sind bei entsprechendem Selbstbewusstsein vielmehr eine Einladung und Gelegenheit, die eigene Sicht auf die Welt zu verbessern und zu lernen. Und der vielleicht häufigere Fall, dass eine andere Meinung mal doch nicht so fundiert ist und sich durch Gegenargumente leicht entkräften lässt, ist gleichzeitig eine Bestätigung, dass die eigene Weltsicht vielleicht doch schon ganz in Ordnung ist.

5.3   Wissen und Visionen

Wenn verschiedene Weltbilder aufeinanderprallen, sind Konflikte vorprogrammiert. Doch wie kommt es dazu, dass wir bei so vielen Themen unterschiedliche Vorstellungen haben?

Eine der Ursachen ist sicherlich, dass sich das menschliche Wissen ca. alle 10 Jahre verdoppelt (Wikimedia Foundation, 2023). Den Universalgelehrten, der sich auf vielen wissenschaftlichen Gebieten sehr gut auskennt, gibt es schon lange nicht mehr. Das Wissen, das mir mal zu einem Abitur oder Studienabschluss verholfen hat, ist in großen Teilen überholt – im besten Fall weiter präzisiert, im schlechtesten widerlegt, und manchmal einfach nur obsolet geworden. Mein Mathelehrer glaubte noch uns mitgeben zu müssen: »Später wirst du auch nicht immer einen Taschenrechner dabeihaben« – heute widerspricht hier das Smartphone mit einem Zwinker-Smiley!

Ich vertrete die These, dass die großen Herausforderungen des 21. Jahrhunderts Komplexitätsherausforderungen sind. Die starke Arbeits- und Wissensteilung, die Durchdringung von Wissenschaft, Wirtschaft und Gesellschaft durch Computertechnik, all dies führt zu einem rasanten Anstieg der Komplexität unserer Welt. Eine Komplexität, mit der unsere Weltbilder nicht mithalten können. Für die unsere Gehirne evolutionär nicht entwickelt sind – wir denken in Mustern und Erfahrungen, in Geschichten und Emotionen, nicht in technischen Details und langen Ketten logischer Schlussfolgerungen. Wir suchen uns eine einfache Erklärung, die uns hilft, unsere Umwelt zu verstehen und Geborgenheit zu erlangen, in dem wir Strukturen und Gewohnheiten schaffen.

Die Folge davon ist, dass der Glaube ein Comeback feiert. Nicht unbedingt der religiöse Glaube, wie er uns durch Kirchen und Glaubensgemeinschaften aufbereitet angeboten wird, sondern der Glaube an eine im Kern doch einfache Welt: Wissenschaftlich nicht fundierte Lehren wie Homöopathie, persönliche Ansichten von Influencern, Meinungen selbsternannter Querdenker – die Liste der möglichen Die-Welt-ist-simpel-Kulte ist lang! Grundsätzlich ist dagegen auch nichts einzuwenden, wenn man sein Weltbild lieber von jemand anderem übernehmen als selbst aufbauen möchte – die Schwierigkeit für die Gesellschaft entsteht dann, wenn eine finanzielle Motivation hinter diesen Gurus steht und sie dazu bringt, ihre Anhänger aufzuwiegeln und so ihren Einfluss weiter auszubauen. Dagegen steht meine Überzeugung, dass sie alle nur in ihrem und über ihr Modell reden.

❯❯ Wer nichts weiß, muss alles glauben.

Ein anderes hochkomplexes Thema ist der Klimawandel – die rasante Änderung unseres Klimas, was für eine überwältigende Mehrheit der damit befassten Wissenschaftler zweifelsfrei bewiesen ist und uns als Menschheit vor eine nie dagewesene Herausforderung stellt. Das Klima selbst ist dabei ein vielschichtiges System, das in den Einzelheiten noch nicht verstanden ist – es wirkt auf vielen Ebenen selbstregulierend, sodass kleinere Abweichungen durch größere Zusammenhänge wieder ausgeglichen werden können. Allerdings gibt es sogenannte »Kipp-Punkte«, bei denen das vorher stabile Gleichgewicht nahezu schlagartig umkippt und ggf. in ein neues Gleichgewicht fällt. Die Wissenschaft ist sich hier einig, dass wir das nicht selbst ausprobieren wollen – die Folgen wären nicht absehbar.

Mit so einer Bedrohung konfrontiert, ist die natürliche Reaktion häufig Verleugnung. Wir wollen es nicht wahrhaben. Wir klammern uns an alternative Erklärungen – und bedingt durch o.g. finanzielle Anreize gibt es derer auch genug. Wir müssen uns der Herausforderung nicht stellen, wenn wir sie wegdiskutieren können. Letzteres stellt auch die Politik vor neue Herausforderungen – ein politischer Kompromiss ist weder mit der Natur noch mit der Physik zu machen; die alten Verhandlungsansätze funktionieren nicht mehr.

Aber was ist nun der Ausweg? Wie können wir das Bedürfnis unseres Gehirns nach Klarheit, Struktur und einfachen Ursache-Wirkungs-Ketten befriedigen?

Eine Möglichkeit ist das Denken in Visionen. Eine Vision ist herrlich einfach, sie ist mit ein paar gutplatzierten Worten formuliert und inhaltlich auf einer hohen Flughöhe. Nicht verwässert durch Details und kleine Einschränkungen. Und vor allem: Nicht komplex!

Beim britisch-amerikanischen Autor Simon Sinek ist es der »Goldene Kreis« (Sinek, 2011). Dieser besteht aus drei ineinander liegenden Kreisen: Der innerste heißt » Warum«, dann folgt »Wie« und ganz außen »Was«. Nach seiner Erfahrung gehen Menschen bei der Erklärung von Sachverhalten und beim Bewerben von Produkten normalerweise von außen nach innen. Erklären erst die Eigenschaften des Produkts, dann wie man es verwendet und am Ende – wenn noch Zeit bleibt – eventuell auch warum man das Produkt überhaupt gebaut hat. Viel überzeugender sei es jedoch, innen beim Warum zu starten. Denn das Warum entspricht der inneren Motivation, ist der Startpunkt jeglicher Entwicklung und der eigentliche Grund, warum Menschen das so beworbenes Produkt schlussendlich auch haben wollen: Wir kaufen keine Eigenschaften, wir kaufen Emotionen. Und Visionen.

Die Vision beinhaltet also das Warum, den Kern unseres Antriebs. Auch sie ist natürlich nur ein Modell, ein Modell der Welt, wie wir sie uns wünschen. Wir stellen an sie nicht die Anforderung, die komplette Komplexität des Status Quo abzubilden, sondern sie steht für das Zielbild, wohin wir uns und unsere Umgebung gerne entwickeln würden.

Ein nicht ganz so emotionales Beispiel ist die Digitalisierung von Geschäftsprozessen – wir wollen nicht im Klein-Klein beginnen und alle Funktionen, alle technischen Artefakte der Altlösungen nach und nach in ein neues System überführen (was in der Folge noch komplexer wird als der aktuelle Zustand), sondern lieber die Wertschöpfung hinter dem Prozess, den Nutzen, das »Warum« dahinter durchschauen. Eine Vision entwickeln, wie dieser Nutzen in der digitalen Welt erreicht werden kann – und erst dann den besten Weg finden, der jetzt möglich ist!

5.4   Fazit

Sprache kann als Modell aufgefasst werden, mit dem und durch das wir die Komplexität unserer Umwelt beherrschen. Bei Konfliktgesprächen wird dies besonders deutlich – durch aktives Zuhören und die Bereitschaft zur Offenheit können die Diskrepanzen zwischen der eigenen und der fremden Modellierung identifiziert werden. Durch den steten Wissenszuwachs ist die Flexibilität unserer Weltbilder stark gefordert und die Verlockungen scheinbar einfacher Lösungen werden immer größer. Einen Ausweg können Visionen bieten, die unseren Blick auf den hinter vielen komplexen Dingen liegenden Sinn wieder in den Fokus rücken.

Reflexionsfragen

- In welchen Situationen haben Sie starke Abweichungen zwischen Ihrem Weltbild und dem Ihres Gesprächspartners erlebt? Worin haben sich diese geäußert?
- Was halten Sie von der Theorie, die Benennung in der Bibel, das platonischen Ideenreich sowie die Verwendung von Sprache als Beispiele für Komplexitätsreduktion zu sehen?
- Stimmen Sie der Aussage »Filterblasen sind die abgelegenen Dörfer von heute« zu? Welche Gemeinsamkeiten gibt es, wo liegen Unterschiede?

- Was bedeutet Bildung für Sie? Wie grenzen Sie Ausbildung und Bildung voneinander ab?
- Erinnern Sie sich an Konfliktsituationen – beruflich und privat. An welcher Stelle hat oder hätte ein strukturiertes Konfliktgespräch geholfen? Wo nicht?
- Hand aufs Herz: Wie oft hören Sie in Diskussionen nur zu, um anschließend widersprechen zu können?
- Welche Vorteile hat ein diverses Team im Vergleich zu einem homogenen? Und welche Nachteile? In welchen Situationen bevorzugen Sie das eine oder andere?
- Was sind Ihrer Meinung nach die Gemeinsamkeiten und Unterschiede der Begriffe »Glauben«, »Modell« und »Vision«?
- Wie unterscheidet sich das Denken in Visionen von der in früheren Kapiteln kritisierten schlichten Negation von Komplexität?
- Wie hängen für Sie Visionen und First Principle Thinking miteinander zusammen?

Teil II

Komplexität in der Praxis

6

Beispiel Variantenmanagement: Komplexitätstreiber identifizieren und greifbar machen

6.1 Eine Geschichte aus der Automobilindustrie

Anfang 2015. Vorstandssitzung eines großen Automobilherstellers. Die Elektromobilität ist noch eine Nische – und nach der damals verbreiteten Überzeugung würde das für die nächste Zeit auch so bleiben. Dennoch ist die Agenda straff, strategische Entscheidungen stehen an, der wichtigste Markt ist hart umkämpft: Der Premium-Sektor. Die Strategie seit einigen Jahren fokussiert sich auf radikale Kundenorientierung und höchstmögliche Flexibilität – jeder Kunde bekommt sein Auto mit genau der Ausstattung, die er sich wünscht.

Aber heute ist etwas anders: Wo sonst nur Papier liegt – Zahlen aus der Buchhaltung, Hochglanzprospekte aus dem Marketing, Konzeptzeichnungen aus der Entwicklung – da liegen heute Fahrzeugteile. Knapp einhundert davon. Alles Lenkstockschalter, alle ganz leicht verschieden. Lenkstockschalter, das sind diese praktischen Dinger direkt hinter dem Lenkrad, mit denen Blinker, Scheibenwischer und das ein oder andere neue Assistenzsystem bedient werden. Es mag ein offenes

H. G. Grohganz, *Komplexität verstehen, beherrschen, gestalten*, https://doi.org/10.1007/978-3-662-69911-9_6

Geheimnis sein, dass die Automobilbranche selbst gerne der Faszination ihrer Produkte erliegt, aber bislang geschah das selten auf Ebene einzelner Bauteile.

Als der Tagesordnungspunkt »Teile-Varianz« an die Reihe kommt, tritt Niko nach vorne. Er ist seit knapp zwei Dekaden im Unternehmen, hat in dieser Zeit in verschiedensten Bereichen gearbeitet und er hat heute diese Teile mitgebracht. Ein Raunen geht durch den Saal, als er sagt: »Keine zwei dieser Teile sind exakt identisch. Alle haben verschiedene Nummern, wurden separat entwickelt und gefertigt.« Neben jedem Teil steht ein kleines Schildchen, auf dem die Teilenummer aufgedruckt ist. Und darunter eine weitere Nummer, kleiner gedruckt. Bei einigen sechs- oder fünfstellig, bei anderen kleiner, teils sehr viel kleiner. Und ganz oft auch nur die Zahl Null. »Dies ist die Verbauanzahl – die Menge an Fahrzeugen, die mit exakt dieser Teilevariante ausgestattet ist.«

Niko hat diese Zahlen berechnet. Über sechs Wochen ist er durch den Konzern gewirbelt, hat Kollegen mit Fragen bombardiert, Systeme angezapft, Datenbanken durchpflügt, Excel-Tabellen befüllt. Und so akribisch die Frage beantwortet, wie viele Fahrzeuge in den letzten Jahren mit jeder einzelnen Teilevariante gebaut worden sind. Eine mühselige Arbeit – mit überraschendem Ergebnis: »Nur etwa die Hälfte der Teile wird häufig verbaut, der Rest selten bis überhaupt nicht.« Ein gewaltiger Kostenfaktor: Jedes Teil hat seinen eigenen Lebenszyklus, von der Entwicklung über Tests und Zulassung, Verhandlung mit potenziellen Lieferanten, Beschaffungsverträge bis hin zur Logistik im Werk – egal ob vor Ort gelagert oder als »just-in-time-Teil« direkt an die Fertigungslinie geliefert. Und in diesem Ausmaß eine klare Folge der Individualisierungsstrategie, denn der Lenkstockschalter muss viele der zu- und abwählbaren Funktionen ansteuern, damit der Fahrer möglichst intuitiv damit interagieren kann. Aber woher kommen diese »No-Runner«, also die niemals verbauten Teile?

Diese Frage möchte Niko gerne beantworten. Aber ihm fehlen die Ressourcen dafür. Wenn er alle Mitarbeiter zum Zählen der Autos abzieht, kann keiner mehr welche bauen. Das leuchtet ein: Er bekommt den Auftrag, einen Prototypen für eine Softwarelösung zu entwerfen, damit die Erfassung dieser Zahlen auch für andere Bauteile – ein Auto besteht schließlich nicht nur aus Lenkstockschaltern – nicht mehrere

Wochen benötigt, und damit auch die dahinterliegenden Ursachen besser erfasst werden können.

An dieser Stelle kommen wir ins Spiel. Bei diesem Automobilhersteller ist zu dem Zeitpunkt eine Business-Intelligence-Software von uns im Einsatz, in der sowohl die Stücklisten mit den Teile-Informationen als auch die Fahrzeugaufträge enthalten sind. Weiterhin können durch die verwendete Technologie in Sekundenbruchteilen große Datenmengen verarbeitet werden. So erhalten wir den Auftrag, den gewünschten Prototypen zu entwickeln. Natürlich direkt mit Nennung der Varianztreiber, also derjenigen Kunden- oder Marktentscheidungen, die zur Differenzierung zwischen den einzelnen Teilevarianten führten. Die Herausforderung: Das genaue Zusammenspiel der Varianztreiber ist algorithmisch nicht definiert, sprich: Niemand hat einen blassen Schimmer, was genau zu programmieren ist. Daher wird nach agiler Methodik gearbeitet und nach drei Wochen steht der erste Prototyp, um ihn Niko zu zeigen. Die Zahlen sind zwar noch überwiegend falsch, aber die Darstellung und das Zusammenspiel der Datenquellen funktionieren vorbildlich: Der erste Hebel zur Lösung des Problems ist gefunden!

Auf dieser Basis können wir nun einerseits weiter daran arbeiten, die komplexe Logik hinter den Variantentreibern besser zu verstehen und im Programmcode abzubilden, und gleichzeitig die Darstellung und die Rechengeschwindigkeit zu verbessern. Schon bald stellt sich heraus, dass ein großer Komplexitätsfaktor die Zeit ist – manche Varianztreiber und Steuerungsmechanismen ändern sich während des Lebenszyklus eines Fahrzeugs mehrfach, was die Vergleichbarkeit zwischen den Verbauanzahlen massiv beeinträchtigt.

Niko kümmert sich derweil um einen weiteren Vorstandstermin. Nur zwei Monate später ist es so weit: Der zweite Prototyp zählt nicht nur korrekt, sondern ist schnell, übersichtlich und leicht bedienbar – kurz, er überzeugt auf ganzer Linie. Nun wird ein großes internes Projekt zum Komplexitäts- und Variantenmanagement eingerichtet und der Prototyp in den nächsten sechs Monaten zur Produktivreife ausgebaut. Innerhalb von nur einem Jahr kann somit das Verständnis der Komplexität für jede beliebige Baugruppe von Nikos sechs Wochen Recherchearbeit auf sechs Sekunden Rechenzeit reduziert werden!

Gemeinsam mit einer Gruppe von Pilot-Anwendern wurde das neue Tool während dieser Entwicklungszeit und auch über die nachfolgenden Jahre hinweg um weitere Funktionsweisen und Mechanismen ergänzt. Dazu zählten unter anderem die Anbindung diverser Fremdsysteme, die beispielsweise zu jeder Konfiguration die internen Regelwerke überprüften, ob die Teile überhaupt verkauft werden durften – und wenn ja, in welchen Märkten. Hier gab es die ein oder andere Überraschung, dass Teile in einer frühen Phase entwickelt worden sind, später dann die dazugehörige Konfiguration nirgendwo angeboten werden konnte und somit das Teil gar keine Chance hatte, von einem Kunden gekauft zu werden. Andere Systeme zogen Bilder und Konstruktionszeichnungen, um den Unterschied zwischen zwei Varianten direkt visuell zu verdeutlichen. Weiterhin wurde das System auf alle Produktlinien des Automobilkonzerns erweitert – eine Vervielfachung der ursprünglichen Datenmenge.

Bei all seiner Mächtigkeit und seinem großen Nutzen für unseren Kunden behandelte das Tool jedoch lediglich die erste Stufe des Komplexitätsmanagements: Transparenz zu schaffen und Komplexität verständlich zu machen. Die Erkenntnisse, die im Tool gewonnen wurden, liefen auf anderem Wege in die Strategie- und Entwicklungsabteilungen zurück, sodass das Tool selbst keine Möglichkeit bot, Komplexität wirkungsvoll zu beherrschen.

Erst nach mehreren Jahren erfolgreichen Einsatzes wurde auch die zweite Stufe in Angriff genommen und ein Simulationsmodus ergänzt, in dem die Variantenanzahlen konkret beplant werden konnte. Die Prognose, welche Kundenentscheidungen künftig zu welchem Nachfrageverhalten führen würden, wurde gepaart mit dem Wissen über historische Zusammenhänge zwischen anderen Ausstattungsvarianten und ermöglichte so eine deutlich präzisere Vorhersage des zukünftigen Bedarfs an Teilen.

Der große Erfolg dieses Tools wurde unterstrichen durch den Gewinn einer nationalen Auszeichnung für »die beste Business-Intelligence-Lösung im Konzernumfeld« nur ein Jahr nach Produktivgang. Gelobt wurde dabei vor allem der sinnvolle Einsatz von geeigneter Technik zur intuitiven Darstellung dieser komplexen Zusammenhänge und der damit einhergehende hohe wirtschaftliche Nutzen.

6.2 Ziele und grundlegende Konzepte

Im Automobilbereich werden die verschiedenen Ausstattungen und Eigenschaften der Fahrzeuge durch eine spezielle Codierung abgebildet. Diese wird auch in den Stücklisten verwendet, um so die möglichen Optionen und die verschiedenen Varianten desselben Teils (beispielsweise eines Lenkrads) einander zuzuordnen, siehe beispielsweise (Zengler, 2014) für eine umfassende Darstellung des Vorgehens.

Beim Variantenmanagement wird die Wirtschaftlichkeit von Varianten desselben Teils untersucht. Dabei werden zumeist die *High-Runner* ermittelt, also die häufig nachgefragten Teile. Bei den sogenannten *Low-Runnern* und sogar möglichen *No-Runnern* werden in der Regel mögliche Ursachen für die niedrigen Verbauanzahlen gesucht. Hierbei gibt es einen typischen Interessenkonflikt zwischen den vertrieblichen Abteilungen, die ein möglichst großes Marktsegment bedienen wollen und daher auf viele Varianten drängen. Umgekehrt werden Entwicklung, Logistik und Produktion auf eher geringe Variantenanzahlen drängen, um Aufwände und damit Kosten in einem kontrollierten Rahmen zu halten, vgl. etwa (Schuh, 2017).

Modularität ist dabei ein zentrales Konzept zur Auflösung dieses Konflikts: Je vielfältiger bestehende Teile miteinander verknüpft werden können, desto höher ist die Anzahl der möglichen Ausstattungskombinationen für die Endkunden, bei dennoch kontrollierter Teileanzahl. Der berühmte Legostein ist ein herausragendes Beispiel dafür, wie durch eine überschaubar kleine Anzahl verschiedener Teile eine ungeahnte Vielzahl von Endergebnissen produziert werden kann. Die üblicherweise im Automobilbau eingesetzten Teile sind zwar zumeist in sich schon deutlich komplexer als ein Plastikquader mit Noppen, das Grundprinzip ist jedoch gleich. Besonders deutlich wird dies, wenn Funktionen über Software gesteuert werden können – dann genügt oftmals eine sehr geringe Anzahl verschiedener Bauteile, die über verschiedene Programmversionen eine Vielzahl von Funktionen abbilden können.

Am Beispiel des Legobausteins wird noch etwas anderes deutlich: Spricht man mit Beteiligten über Varianz, ist es essenziell, möglichst

früh festzulegen, ob man sich auf die Teilevarianz bezieht (also die Anzahl verschiedener Bauteile für vergleichbare Funktionen) oder die Ausstattungsvarianz (also die Anzahl verschiedener Endprodukte für den
Kunden). Nach meiner Erfahrung beziehen sich dabei die technischen
Abteilungen wie Entwicklung und Logistik, aber auch die Beschaffung
oftmals auf die Teilevarianz, manche unterscheiden dabei noch nach
Farben und Materialien, andere nur nach technischer Funktion. Umgekehrt sind die eher vertriebsorientierten Abteilungen eher an der Ausstattungsvarianz interessiert, die dafür benötigten Teile sind oftmals gar
nicht bekannt.

Zur Illustration wird in Abb. 6.1 der gleiche Variantenbaum zweimal
dargestellt – oben für die Ausstattungs- und unten für die Teilevarianz.

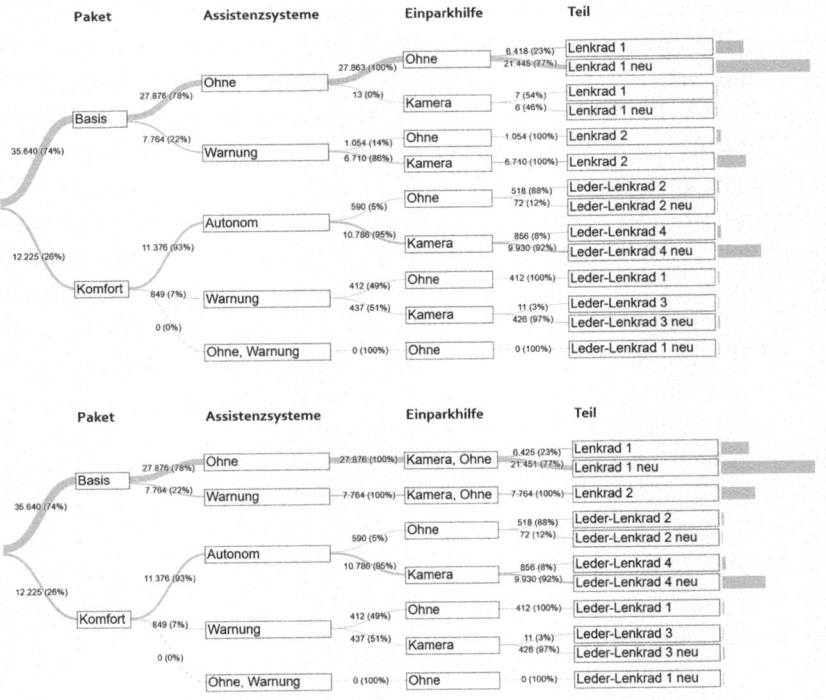

Abb. 6.1 Beispiel-Variantenbaum für Ausstattungs- (oben) und Teilevarianz
(unten). (© Harald Grohganz, 2024. All Rights Reserved)

Der Unterschied liegt in den Varianten ganz oben mit den Bezeichnungen »Lenkrad 1«, »Lenkrad 1 neu« sowie »Lenkrad 2«. Diese werden bei der Ausstattungsvarianz jeweils zweimal angegeben, da sie sowohl ohne Einparkhilfe als auch mit Kamera-Einparkhilfe angeboten werden. Im unteren Bild kommt jedes Teil exakt einmal vor, bedient eine Teile-Variante also mehrere Ausstattungs-Varianten, so werden diese im Baum zusammengezogen. In der untersten Zeile steht ein No-Runner, also ein Teil für eine Ausstattungsvariante, die niemals bestellt worden ist und die folglich dort gar nicht aufgeführt werden kann – ein Beispiel dafür, dass die praktische Anwendbarkeit die Feinheiten der Theorie bisweilen übersteuern darf. Auf der begleitenden Website zum Buch *komplex.groh-ganz.com* finden Sie eine ausführliche Version dieses Beispiels.

>> **Die Klärung des Variantenbegriffs ist die erste Herausforderung beim Komplexitätsmanagement.**

Bei der Teilevarianz ist die Bestimmung der Gesamtanzahl verhältnismäßig einfach: Jedes Teil bedient eine Menge von Ausstattungsvarianten, und es genügt die Bestimmung der Anzahl der unterschiedlichen Teile. Bei der Berechnung der Menge der möglichen Ausstattungsvarianten habe ich zwei Ansätze identifiziert:

Branchenüblich ist eine Art *negative Varianz,* wobei die Anzahl der Ausprägungen aller Variantentreiber multipliziert werden und diese astronomisch hohe Zahl anschließend durch ein Regelwerk wieder eingeschränkt wird. Dieses Regelwerk beinhaltet etwa technische Abhängigkeiten wie »starker Motor nur mit starken Bremsen«, aber auch vertriebliche Entscheidungen wie »Tempomat nur mit Abstandswarnsystem«. Dennoch kann auch diese verbleibende Zahl astronomische Dimensionen erreichen und der obligatorische Vergleich mit der Anzahl aller Sandkörner auf der Erde geht nicht selten zugunsten der Varianz aus.

In meinen Projekten habe ich daher eine *positive Varianz* verwendet, d. h. umgekehrt geschaut, welche Kombinationen von Ausstattungen überhaupt über die Lebenszeit eines Produktes den echten Fahrzeug-Bauaufträgen zu Grunde lagen. Damit lassen sich sämtliche Low-Runner der Ausstattungsvarianz sehr performant bestimmen, allerdings eignet sich diese Methodik nicht zur Berechnung von No-Runnern. Meine These ist, dass die No-Runner einer Ausstattungsvarianz auch nicht benötigt werden, solange sie über die Teilevarianz nicht zu zusätzlichen Kosten oder Aufwänden führen. Die Diskussionen mit den Kollegen aus der Automobilindustrie zu diesem Thema sind überaus spannend.

6.3 Praxistipps zum Variantenmanagement

Bei der Umsetzung von Projekten zum Variantenmanagement bin ich auf einige wiederkehrende Herausforderungen gestoßen. Die Notwendigkeit eines strukturierten und vor allem datenbasierten Variantenmanagements hat sich in vielen Branchen erst sehr spät ergeben. Folglich sind die Systeme zur Steuerung der Stücklisten und Bauaufträge nicht auf die Anforderungen des Variantenmanagements ausgelegt. Die in der Geschichte am Anfang des Kapitels erwähnten Excel-Tabellen mussten ursprünglich diese Lücke schließen.

Ein System zum Variantenmanagement ist daher erstmal ein Fremdkörper. Es muss einerseits seine Datengrundlage aus den bestehenden Systemen ziehen und andererseits seine Erkenntnisse auch den Steuerungssystemen wieder zur Verfügung stellen. Schon der erste Schritt ist dabei hochgradig nichttrivial: Die Systeme zur Steuerung der Angebote, zur Entwicklung, Beschaffung und Logistik, die Stücklisten und Bauauftragslisten, die technischen Dokumentationen und die Marktanalysen, sie alle haben ihre Vorgeschichte und ihre definierten Anwendungsfälle. Kompatibilität zwischen diesen Welten war bislang nicht vonnöten, und das Variantenmanagement muss auf Daten vieler dieser Systeme zugreifen. Schon allein die Berechnung der Verbauanzahlen pro Teil ist eine gewisse Herausforderung, und nicht selten wird in Meetings zur Variantensteuerung mehr darüber gestritten, welche Zahl nun richtig ist, als über Wege, wie man die Zahl nun effektiv steigern kann.

Eine zentrale Kenngröße zur Bewertung von Varianten ist die Einbaurate (EBR), also das Verhältnis zwischen der tatsächlichen

Verbauanzahl und der Anzahl der potenziell für diese Variante in Frage kommenden Fahrzeuge. Die EBR ist zwar eine sehr intuitive Kenngröße, die gerne zur Steuerung herangezogen wird, nach meiner Erfahrung ist dabei die sinnvolle Berechnung der Referenzmenge die größte Schwierigkeit. Denn nur, wenn die potenzielle Verbauanzahl korrekt berechnet wird, hat die EBR eine fachlich und wirtschaftlich belastbare Bedeutung. Gerade bei nur kurz eingesetzten Teilen oder bei speziellen Sonderanfertigungen ist die Aussagekraft einer reinen Einbaurate sehr gering und verleitet zu möglichen Fehlschlüssen.

>> *Einfache Kennzahlen sind ein verlockendes Mittel zur Komplexitätsreduktion. Wirkungsvoll sind sie aber nur, wenn sie fachlich, technisch und wirtschaftlich belastbar sind!*

Generell ist die Betrachtung der Einbaurate allein bei der Bewertung einer Variante oftmals nicht zielführend. Der Gedanke ist naheliegend: Am Ende entscheidet der Kunde, und die EBR ist die Manifestation des Kundenwunsches. Allerdings darf man dabei nicht außer Acht lassen, dass gerade historische EBR über einen langen Zeitraum ermittelt worden sind, und die Entscheidung der Kunden von vor einigen Jahren mit den Wünschen der Kunden von heute oder in der Zukunft nicht mehr übereinstimmen muss. Daher ist für den langfristigen Erfolg einer Variante auch die Berücksichtigung des mittel- bis langfristigen Trends entscheidend – handelt es sich um eine technische Neuheit, die den Markt erst langsam erobert? Auch strategische Entscheidungen oder Marketing-Aktionen haben großen Einfluss auf die verkauften Fahrzeuge, die eigentlich unbeliebten Ausstattungen zum Beispiel durch Rabatte oder Abverkäufe noch einmal einen Schub gegeben haben, der nicht dem langfristigen Kundenwillen entspricht.

Daher ist es sinnvoll, in ein System zum Variantenmanagement alle verfügbaren Informationen einfließen zu lassen, um den tatsächlichen Verkäufen auch die tatsächlich vom Kunden gezahlten Preise gegenüberstellen zu können. Die Berechnung einer Marge pro Teil ist dabei allerdings nur durch grobe Heuristiken möglich, da der Kunde die Teile üblicherweise nicht einzeln kauft und die Umlage der Verkaufserlöse auf die Einzelteile beliebig kompliziert werden kann und sich dennoch nur in den seltensten Fällen als wirklich erkenntnisfördernd herausstellt. Hier sind hybride Ansichten gefragt, die einen Wechsel von der Baugruppe auf eine eher vertriebsnahe Perspektive setzen und beispielsweise die Analyse von Ausstattungspaketen ermöglichen.

Jedes Variantenmanagementsystem verfolgt am Ende das Ziel, unternehmerische Entscheidungen zu ermöglichen. Selbst wenn alle oben genannten Aspekte berücksichtigt worden sind, und das System eine zweifelsfrei unattraktive Variante eines Bauteils identifiziert hat, bei dessen Wegfall man real Kosten einsparen kann, so steht dennoch eine weitere Prüfung aus: Wird dieses Teil nicht an einer anderen Stelle noch verwendet? Durch die zunehmende Modularisierung werden Teile immer weniger exklusiv in einem Fahrzeugmodell verwendet, sondern auch in verwandten Produkten oder sogar in anderen Marken. So kann ein seltenes Teil im Premium-Bereich durchaus in der Kompaktklasse häufiger zu Einsatz kommen. Hier kommt es darauf an, an welche Stelle die Variantenvielfalt optimiert werden soll – in Bezug auf Logistik, Beschaffung und Zulassungsverfahren für das einzelne Modell kann die Streichung durchaus sinnvoll sein, auch wenn die grundlegende technische Konstruktion für die anderen Modelle dennoch weiterhin nötig ist. Die Bestimmung solcher Exklusivteile ist durch die Komplexität der zugrunde liegenden Regelwerke eine nichttriviale Aufgabe.

Abschließend möchte ich noch eine wichtige Erkenntnis aus meiner Erfahrung mit Ihnen teilen: Wenn Sie ein System zum Variantenmanagement aufsetzen möchten, ist es unabdingbar, einen Konsens mit allen beteiligten Abteilungen zu erreichen. Ist das Variantenmanagement beispielsweise nur im Controlling beheimatet, droht schnell die Gefahr, dass es in einem seltenen Schulterschluss zwischen Produktion und Vertrieb erst ignoriert und anschließend torpediert wird. Solange die Margen (noch) stimmen, wird sich daran auch fast niemand stören. Ein unternehmensweites Bewusstsein, dass langfristige Wirtschaftlichkeit und Nachhaltigkeit nur mit kontrollierter Varianz zu erreichen ist, ist die zentrale Voraussetzung für ein erfolgreiches Variantenmanagement.

Übersicht Variantenmanagement

Phänomene:

- Selten nachgefragte Teile-Varianten
- Geringer Modularisierungsgrad, viele exklusive Teile
- Unklare Variantentreiber
- Schlechtes Kosten-Nutzen-Verhältnis
- Bedarfe für Beschaffung schwer kalkulierbar

Komplexitätstreiber:

- Langer Produktlebenszyklus mit vielen graduellen Änderungen im Teilespektrum
- Konkurrierende Zielsetzungen im Unternehmen
- Intransparente Steuerung der Teile-Varianten
- Verwendung von gleichen Teilen an mehreren Stellen
- Organisatorische Trennung zwischen Vertrieb und Entwicklung

7

Beispiel Unternehmensplanung: Hohe Komplexität verhindert Digitalisierung

7.1   Die Geschichte eines typischen IT-Projekts

Wie häufig selbst erfahrene Unternehmer und Manager vom Ausmaß der Komplexität in ihren jeweiligen Unternehmen überrascht werden, lernte ich bei einigen Projekten zur Unternehmensplanung kennen. Der Prozess der Unternehmensplanung ist ein so umfangreiches Thema, sodass man allein darüber viele Bücher und Ratgeber schreiben könnte — was im Übrigen auch geschehen ist und auch immer noch geschieht. Daher gebe ich hier nur eine sehr kompakte und aufgrund meines vor allem auf Einzelbeispielen basierenden Kenntnisstands laienhafte Einführung.

Planungsprozesse sind in vielen Unternehmen höchst individuell — und doch aus einem etwas entfernten, abstrakten Blickwinkel sehr ähnlich: Von der Unternehmensführung wird ein meist monetäres Ziel vorgegeben, das *top-down*, also vom Gesamtziel her kommend auf die einzelnen Unternehmensbestandteile — Abteilungen, Teams, teilweise sogar auf Personenebene — heruntergerechnet werden muss. Die einzelnen Unternehmensbestandteile nutzen ihr hochspezialisiertes Fachwissen, um Annahmen zu treffen, Szenarien durchzuspielen und auf diese

H. G. Grohganz, *Komplexität verstehen, beherrschen, gestalten*, https://doi.org/10.1007/978-3-662-69911-9_7

Weise mögliche Ziele zu ermitteln. Darauf melden sie die von ihnen als gerade noch erreichbar angesehenen Teilziele nach oben zurück. Aus diesen Teilzielen wird nun wieder an den höheren Stellen der Hierarchie, diesmal also *bottom-up*, das erreichbare Gesamtziel ermittelt. Genügt dieses nicht den Ansprüchen der Unternehmensführung, fordert diese üblicherweise Nachbesserungen ein – und so ist das Unternehmen wochen-, teilweise monatelang beschäftigt, diese Zyklen aus Detail- und Gesamtplanung durchzurechnen und dabei auch das Tagesgeschäft nicht aus den Augen zu verlieren.

Das Zusammenführen der Einzelpläne zu einem Gesamtplan ist dabei ein essenzieller Schritt, der selbst eine hohe Komplexität aufweisen kann. Hier spielen Synergie-Effekte und Ressourcenkonflikte eine wesentliche Rolle, aber auch Aspekte wie angestrebte Absatzstrategien. Letzteres kann man sich leicht an einem Beispiel vorstellen: Eine mögliche Erhöhung der Produktion beispielsweise von Speiseeis ergibt allein noch keinen höheren Umsatz – etwa, wenn das Produktionsteam im Winter zwar ordentlich vorlegt und die Produktionszahlen übererfüllen kann, aber die Kapazität der vorhandenen Kühllager für das ganze schöne Eis bis zum Sommer einfach nicht ausreicht.

In unserer Geschichte geht es um ein Unternehmen, welches Haushaltsartikel einkauft, teilweise auch selbst produziert und diese sowohl über das Internet als auch über eigene Ladengeschäfte verkauft. Das Unternehmen punktete mit mehreren innovativen Ideen auf seinem Gebiet und konnte so in kurzer Zeit stark wachsen. In solchen Wachstumsphasen muss der Fokus naturgemäß auf sehr vielen externen Faktoren liegen, daher ist es wenig verwunderlich, dass die internen Planungsprozesse etwas auf der Strecke geblieben sind. So wurden im Kern dieselben Excel-Tabellen verwendet, die auch schon zum Einsatz kamen, als nur ein einziges Ladengeschäft mit einem kleinen Online-Shop zu beplanen war. Weiterhin gab es für die einzelnen Fachabteilungen eine unüberschaubare Anzahl weiterer Excel-Tabellen, die etwa zur Errechnung des Bedarfes an Gabelstaplern für einzelne Produktionsbereiche verwendet wurden. Zum Glück mussten die so errechneten 2,4 Gabelstapler in der späteren Unternehmensplanung nicht explizit aufgeführt werden, die mit ihrer Beschaffung und Wartung verbundenen Kosten hingegen schon.

Diese Komplexität schlug sich in der für die Planung benötigten Zeit nieder. Aufgrund der vielen Abhängigkeiten und Feedback-Schleifen wurden manche Bereiche bereits im Spätsommer des Vorjahres für das übernächste Jahr geplant, sodass der Planungsprozess für ein Jahr insgesamt mehr als 16 Monate in Anspruch nahm. Eine andere Herausforderung war die Vielzahl der Informationen, die für die Konsolidierung der einzelnen Teilplanungen zusammenkam, sodass die dafür verwendeten Excel-Dateien allein zum Öffnen über zehn Minuten brauchten. Noch wilder wurde es beim Versuch, die Dateien nach erfolgter Editierung auch wieder zu speichern – jeder dieser Vorgänge musste ob der Stoßgebete zu der Überzeugung führen, der Erfolg des Planungsprozesses hinge nicht zu geringen Anteilen davon ab, wie gewissenhaft die verantwortlichen Planer ihren religiösen Pflichten nachgekommen waren.

In dieser zunehmend als unbefriedigend wahrgenommenen Situation trat der Finanzvorstand des Unternehmens an uns heran, ob man diesen mühsamen Prozess nicht durch Einsatz moderner digitaler Techniken zumindest teilweise automatisieren könnte. Klar kann man! Mit dem jedem neuen Projekt natürlicherweise innewohnenden Elan – auf Kunden- wie auf Dienstleisterseite – stand schnell ein gemeinsam erarbeiteter Plan, wie man das Thema in drei aufeinander aufbauenden Stufen angehen könnte:

- Im ersten Schritt galt es, eine geeignete Vereinfachung des aktuellen Berichtswesens vorzunehmen und dieses zu automatisieren. Als netter Nebeneffekt reduziert dieses Vorgehen den manuellen Aufwand für die Monatsabschlüsse und verkürzt damit die Bearbeitungszeit deutlich.
- Auf dieser Basis konnte dann durch das Einbauen geeigneter Planungs-Parameter ein Berichtswesen für das Folgejahr gebaut werden, bei dem die echten Zahlen durch geeignete Simulationsdaten ersetzt werden. Durch Vernetzung der Planungselemente sollte sichergestellt werden, dass alle relevanten Plandaten an den richtigen Stellen zusammenlaufen.
- Zuletzt sollten Schnittstellen geschaffen werden, durch die für die Fachbereiche eigenständige Tools ermöglicht werden, um beispielsweise die Bedarfsplanung für die Gabelstapler ebenfalls aus den halbmanuellen und fehleranfälligen Bastellösungen herausnehmen zu können.

Natürlich möchte man das so entstehende Tool so schnell wie möglich nutzen. Das inhaltlich durchaus ambitionierte Projekt wurde also zusätzlich um eine sportliche Zeitachse bereichert.

Zur Durchführung des ersten Schrittes wurde ein rudimentäres Buchhaltungsprogramm geschrieben, das aus den Rohdaten der Buchhaltung zu jedem gewünschten Zeitpunkt eine betriebswirtschaftliche Auswertung bestehend aus Gewinn- und Verlustrechnung, Bilanz sowie eine Cash-Flow-Rechnung erstellt. Das stellt aus technischer Sicht keine große Herausforderung dar, war hier allerdings nötig, da wir nur bei einer selbst erstellten Lösung genügend tief in die Rechenprozesse eingreifen konnten, um hierauf später die integrierte Planungslösung aufzusetzen.

Die harte Kollision mit der Realität war vielmehr das aktuelle Berichtswesen. Man kann sich kaum vorstellen, wie viele Besonderheiten in der Buchhaltung eines kombinierten Handels- und Produktionsunternehmen auftauchen können, wenn man nur tief genug bohrt – und genau das muss man tun, wenn man manuelle Prozesse nachprogrammieren möchte. Allein über ein Dutzend interne Umlagen zwischen den verschiedenen Produktgruppen waren im Laufe der Zeit entstanden, um die anfallenden Kosten möglichst fair zwischen ihren Verursachern aufzuteilen. Hier wurde besonders deutlich, was die im Theorieteil beschriebene Informationshierarchie in der Praxis bedeutet. Allen Beteiligten war bewusst, dass diese Detailtiefe auf Dauer nicht zu halten war, sie komplett aufzugeben erwies sich hingegen auch nicht als realistische Option.

Erst zaghafte, dann später sehr deutliche Hinweise von allen Seiten in Richtung der angedachten Vereinfachung wurden lange und am Ende doch ergebnislos diskutiert – es blieb dabei, ohne eine möglichst korrekte Abbildung des historischen Stands war die neue Lösung für das Unternehmen nicht nutzbar. Damit wurde jedoch der gesamten oben vorgestellten Digitalisierungslösung die Grundlage entzogen, die nur auf Basis einer signifikanten Vereinfachung des bestehenden Prozesses möglich gewesen wäre.

Hier wurde deutlich, wie sehr die Sprache durch Verwendung konkreter Begriffe wie »Korrektheit« oder »Vollständigkeit« sehr viel Komplexität verbergen kann und verschiedenen Interpretationsmöglichkeiten Raum gibt – insbesondere, wenn Planer, Unternehmensberater, Buchhalter, Programmierer, Controller und das Management zwar dieselben Worte verwenden, damit aber verschiedene Konzepte meinen!

In der Folge wurde dieses Projekt nach Erreichen der ersten Stufe abgebrochen – die Zielkonflikte zwischen einem möglichst ausführlichen und detaillierten Berichtswesen und der für eine nachvollziehbare Planung unabdingbaren Einfachheit waren zu groß, zu grundsätzlich, zu ausschließend.

Dabei handelt es sich nicht um einen Einzelfall. In den Retrospektiven zu Projekten dieser Art wird oftmals dieselbe Ursache identifiziert: Die Aufteilung der Detail-Planung auf viele einzelne Fachabteilungen treibt diese in eine Genauigkeitsfalle, die zwar nachher in einer centgenauen Planung mündet, gleichzeitig aber die Auswirkungen der übergeordneten Unsicherheitsfaktoren nicht mehr offensichtlich darlegen kann, die jeder Planung zugrunde liegen. In der Folge ist der Planungsprozess trotz des hohen Aufwands starr und unflexibel, und eine Änderung beispielsweise in den wirtschaftlichen Rahmenbedingungen wie Zinserhöhungen oder neues Konsumverhalten kann in solche Pläne nur sehr schwer eingearbeitet werden. Die Flexibilität des neuen Systems ist nur mit einer deutlichen Komplexitätsreduktion zu erkaufen, und dies bedeutet unter anderem auch eine Abkehr von dem Anspruch einer Kontrolle bis in die feinsten Details hinab.

Planung bewegt sich immer in einem Spannungsfeld aus orakelhafter Ungewissheit und konkreter Berechenbarkeit. Man kann genau berechnen, wie viele Stückzahlen eine Maschine unter gegebenen Umweltbedingungen in einem Jahr herstellen kann und was sie alles dafür benötigt – und gleichzeitig kann es sein, dass die Nachfrage danach von heute auf morgen explodiert oder zusammenbricht. Umgekehrt kann man für andere Produkte das Kaufverhalten großer Gruppen präzise vorhersagen – nur, um dann an unabsehbar gestiegenen Rohstoffpreisen zu scheitern. Die Aufgabe ist also, diese Faktoren zu trennen, ihre Einflüsse deutlich zu machen und die Vorgaben für den Planungsprozess daran auszurichten. Erst wenn die Komplexität verstanden worden ist, kann sie beherrscht werden – nicht vorher.

7.2   Fairness als Komplexitätstreiber

Dieses Muster begegnet einem in jedem Unternehmen, und nicht nur in Planungsprozessen: Bei dem Versuch, ein System möglichst fair zu gestalten, muss auf viele individuelle Eigenschaften und Begebenheiten Rücksicht genommen werden. Gleichzeitig erhöht dies massiv die Komplexität, insbesondere wenn entgegengesetzte Ziele in einem System miteinander kompatibel gestaltet werden müssen.

Das Muster ist dabei immer gleich: Der »erste Wurf«, also die Einführung eines neuen Verfahrens ist meist noch sehr einfach. In der Praxis zeigen sich dann Randfälle, die vorab nicht bedacht wurden und die zu Sonderregeln führen. Dies kann zum Beispiel eine interne Umlage sein, mit der man versucht auch indirekte Kostentreiber stärker einzubinden, indem man virtuelle Ausgleichszahlungen zwischen Unternehmensbestandteilen einführt. Die Ziele dabei sind typischerweise neben der besseren Kontrollierbarkeit vor allem eine direktere Zuordnung von Kosten und Erlösen, um die Rentabilität verschiedener Angebote des Unternehmens vergleichen zu können. Je komplexer die Geschäftsprozesse werden, je mehr Abteilungen beteiligt sind und je indirekter der Wertbeitrag einzelner Prozess-Schritte wird, desto umfangreicher und intransparenter wird auch die entsprechende Kostenverteilung.

> **» Durch den Gewöhnungseffekt wird historisch gewachsene Komplexität zu selten hinterfragt. Neue Anforderungen bringen es mit sich, dass alte Zöpfe abgeschnitten werden müssen!**

Besonders kritisch wird es, wenn die Mitarbeiter direkt davon betroffen sind, zum Beispiel durch eine von der Rentabilität der Abteilung abhängigen Bonifizierung. Denn jede dafür erarbeitete Heuristik ist potenziell angreifbar und auch innerhalb der Belegschaft gibt es verschiedene

Interpretationen von einer »gerechten Behandlung«. Insbesondere bei größeren Unternehmen mit starker Arbeitnehmervertretung ist es nahezu unmöglich, eine für alle Beteiligten akzeptable variable Vergütung zu etablieren, wenn sie nicht an möglichst objektive, einfache, gut messbare und individuell erreichbare Ziele geknüpft wird.

Auch im Rechtswesen sind wir in dieser Entwicklung schon sehr weit fortgeschritten. So enthält das deutsche Steuerrecht sehr viele detaillierte Regeln, Ausnahmen von den Regeln sowie Ausnahmen von den Ausnahmen, sodass der Steuerzahler – ob als Privatperson oder als Unternehmen – nur noch mit professioneller Unterstützung seine Rechte auch wahrnehmen kann. Dabei ist dem Gesetzgeber erstmal kein Vorwurf zu machen. Ich glaube nicht, dass es viele Politiker gibt, die bewusst ein komplexes Regelwerk schaffen wollten, sondern dass sie wirklich bemüht sind, ihre Ideale der Fairness (was je nach politischer Richtung naturgemäß leicht bis stark divergiert) durch möglichst präzise Regulierung umzusetzen. Aufgrund seiner Komplexität verkehrt das über die Jahrzehnte gewachsene Ergebnis dieses hehre Ziel bedauerlicherweise ins Gegenteil.

Zusammenfassend lässt sich sagen, dass sich die vielgerühmte »eierlegende Wollmilchsau« in vielerlei Gestalten zeigt. Der einzige Weg, sich von ihr nicht zu unrealistischen Vorhaben verführen zu lassen und sich im Klein-Klein zu verlieren, ist die harte Priorisierung auf ein übergeordnetes Ziel – in unserer Geschichte war dies die Einführung einer teilautomatisierten Planung und nicht die unveränderte Digitalisierung einer aus Fairnessgründen sehr elaborierten Kostenverteilung.

Übersicht Unternehmensplanung

Phänomene:

- Langwieriger Planungsprozess
- Hohe Abweichung zwischen Plan und Realität
- Nachträgliche Anpassungen sehr schwer
- Technische Lösungen unzureichend
- Fehlende Akzeptanz im Unternehmen

Komplexitätstreiber:

- Heterogene Unternehmensstruktur
- Verborgene Einfluss-Faktoren auf die Planzahlen
- Kleinteilige Strukturen mit hohen Abhängigkeiten zwischen Teilbereichen
- Indirekte Feedbackschleifen mit überzogenen oder zu niedrigen Vorgaben
- Konkurrenzsituationen zwischen den Teilbereichen

8

Beispiel Softwareentwicklung: Komplexität bewusst steuern und Qualität sichern

8.1 Eine Geschichte aus der IT-Entwicklung

Während meiner Tätigkeit in der IT-Beratung führten mein Team und ich ein Projekt für einen Neukunden durch. Es ging um die Entwicklung eines webbasierten Programms für einige spezielle fachliche und betriebswirtschaftliche Anforderungen. Mit dem Kunden verständigten wir uns auf ein agiles Vorgehen: Wir entwickeln auf Basis einiger eher allgemein formulierter Zielgrößen eine erste Version, stellen diese dem Kunden direkt mit seinen Daten vor, und verbessern diese anschließend auf Basis der Rückmeldungen schrittweise und passen sie an die erkannten konkreten Notwendigkeiten an.

Der Abend vor der ersten Demonstration für den Kunden: Nichts läuft! Der Albtraum eines jeden Entwicklungsteams. Der Zeitplan ist tatsächlich sportlich gewesen – daher sind einzelne Komponenten von verschiedenen Teams entwickelt worden. Ein Risiko, aber ein beherrschbares, denn das Zusammenstecken sollte Routine sein. Eine Kleinigkeit, die man kurz vor Feierabend erledigen könne. Im Regelfall. Das hier war leider nicht die Regel.

H. G. Grohganz, *Komplexität verstehen, beherrschen, gestalten*,
https://doi.org/10.1007/978-3-662-69911-9_8

Zum Verständnis: Bei der Programmierung solcher Anwendungen spielt die dahinterliegende Architektur eine zentrale Rolle. Wie Gebäude besteht auch Software aus verschiedenen Bestandteilen: Einige sind grundlegend wie das Fundament oder die grobe Raumaufteilung, andere haben sehr spezielle Funktionen wie etwa Küche und Bäder, wieder andere sind eher mit Verzierungen und der Gestaltung der Innenräume vergleichbar. Das hier beschriebene Projekt ist dabei das softwaretechnische Pendant zu einem Fertighaus, was aus vorgegebenen Elementen zusammengesetzt und auf die konkreten Bedürfnisse des Kunden angepasst wird.

Dazu bedient man sich häufig ausgelagerter Komplexität in Form sogenannter Bibliotheken und Frameworks: Eine Bibliothek ist dabei üblicherweise die Sammlung vieler kleiner nützlicher Funktionen, die man nicht jedes Mal neu entwickeln möchte, sondern wie Bausteine innerhalb der selbst entwickelten Programmcodes verwendet. Beispiele hierfür sind etwa die Reaktion auf Bewegungen der Maus, das Abfangen möglicherweise fehlerhafter Benutzereingaben oder die Gestaltung häufig verwendeter Elemente wie Buttons und Navigationselemente. Ein Framework ist eine sehr umfassende Bibliothek, das die Struktur der ganzen Anwendung vorgibt und das von innen heraus ausgestaltet wird. Im obigen Vergleich mit dem Gebäude entspräche das Framework je nach Bautechnik den Holzständern, Blöcken oder gemauerten Wänden, die Bibliotheken wären eher die Gegenstücke zu Steckdosen, Fenstern und Dachrinnen.

Für uns stellte sich im Vorfeld also die Frage, welche Architektur wir wählen sollten: Bei einer stark vorgegebenen Struktur haben wir eine hohe innere Komplexität. Folglich müssen wir wenig selbst entwickeln, dafür allerdings sehr viele Parameter einstellen und Schnittstellen konfigurieren, um diese Komplexität auch nutzen zu können. Weiterhin kann die Performance solcher Lösungen schlechter sein, wenn im Hintergrund viele Prozessschritte laufen, die wir vielleicht gar nicht benötigen. Nutzen wir hingegen eine rudimentäre Struktur, dann haben wir nur eine sehr niedrige innere Komplexität und müssen demzufolge auch viele Kleinigkeiten selbst entwickeln. Im Gegenzug haben wir dafür jedoch keine ungewollten Abhängigkeiten und haben einen viel direkteren Einfluss auf die Performance, da die Gesamtkomplexität deutlich geringer ist.

Bei diesem Projekt haben wir uns entschieden, ein großes und sehr mächtiges Framework einzusetzen. Die Anforderungen erweckten zunächst den Eindruck, nah genug an dem ursprünglichen Verwendungszweck des Frameworks zu sein, sodass dieses seine Stärken hier voll auszuspielen versprach. Aber bereits während der Entwicklung stellte sich heraus, dass unser ausgewähltes System extrem komplex und dabei nicht wirklich für die Aufgabe geeignet war. Dennoch entschieden wir uns, den bisherigen Fortschritt nicht aufzugeben und wenigstens für die erste Iterationsstufe an dieser Entscheidung festzuhalten.

Was, wie sich nun an diesem Abend vor der Kundendemo herausstellte, wohl ein Fehler war. Nach und nach zeigte sich, dass nicht nur die Integration deutlich mühsamer wurde als gedacht, auch die Performance erwies sich als unterirdisch. Das Tool war für vergleichsweise wenig Daten mit einer sehr hohen inneren Komplexität konzipiert – die Datenmenge des Kunden stellte sich als deutlich größer heraus, dafür waren die Zusammenhänge innerhalb der Daten eher trivial.

Diese Erkenntnisse an jenem Abend machten uns zwar klüger, aber nicht glücklicher – dass der Zugang zu Echtdaten meist später als erwartet funktioniert, ist spätestens beim dritten Projekt keine Überraschung mehr, und dass die Daten nachher anders aussehen als man erwartet hat, auch nicht.

Zu unserer Ehrenrettung muss man sagen, dass es nicht sehr lange nach Mitternacht war, als das System dann doch funktionierte und die Reduktion der Datenmenge auf einen Bruchteil genügte, um das System für die Kunden-Demo am nächsten Morgen zumindest als solide Diskussionsgrundlage nutzen zu können. Der Termin war also gerettet und wir konnten wertvolles Feedback des Kunden einsammeln.

Direkt im Anschluss an den Termin trafen wir die Entscheidung, eine andere, viel einfachere Struktur aufzusetzen und zu versuchen, sowohl die bereits bestehenden Funktionen als auch die neuen Kundenwünsche dort umzusetzen. Und tatsächlich schaffte es ein Team aus zwei Programmieren, innerhalb weniger Tage eine Alternative zu bauen, die sowohl vom Funktionsumfang als auch der Performance die so aufwendig gebaute Lösung des ersten Projektabschnitts weit überflügelte. Das ganze Team wechselte begeistert auf die neue Architektur und konnte damit das Kundenprojekt in deutlich kürzerer Zeit als veranschlagt erfolgreich abschließen.

8.2   Herausforderungen der Softwareentwicklung

Dieses Beispiel steht exemplarisch für viele IT-Projekte. Die Komplexität bei der Softwareentwicklung ist so hoch, die Abstraktionsebenen zwischen dem eigentlichen Rechner und dem Anwender so vielfältig, dass die meisten Anwendungen nur arbeitsteilig programmiert werden können. Die Bausteine müssen dabei nahtlos zusammenpassen – sonst gilt das alte Sprichwort mit den Köchen und dem Brei.

Bei den Strategien für den Umgang mit Komplexität haben wir als eine Methode die Auslagerung von Komplexität kennengelernt. Diese wird hier typischerweise angewendet, indem die notwendigen Arbeitsleistungen möglichst kleinteilig geschnitten sowie nach Möglichkeit modularisiert und anschließend mehrfach verwendet werden. Damit werden die Komplexität und folglich auch die Aufwände für das gerade zu entwickelnde Stück Software massiv reduziert.

Man kann sich das in etwa so vorstellen: Um ein Stück Brot optimal zu toasten, müssen Sie weder wissen, wie man Brot backt, noch wie man einen Toaster baut – es genügt zu wissen, wie Sie Ihren Toaster bedienen und wie lange das konkrete Brot bei Ihrem Toaster braucht, um den optimalen Bräunungsgrad zu erreichen. Auf die Software bezogen müssen Sie beispielsweise für ein einfaches Webformular keine Schnittstellenprotokolle entwerfen, sondern nur die bereits bestehenden Funktionen in den gängigen Webbrowsern korrekt ansteuern.

Generell gibt es viele Möglichkeiten, Komplexität in eine andere Schicht auszulagern. Einige Möglichkeiten sind etwa:

- *Programme/Entwicklungsumgebungen:* Quasi ein Programm zum Programmieren. So wie Texte in Word automatisch auf Rechtschreibung geprüft werden können, werden dem Programmierer hierin unter-

schiedliche Arbeitserleichterungen zur Verfügung gestellt – sowohl
für das eigentliche Programmieren als auch für die Kollaboration mit
anderen Entwicklern.

- *Coding-Standards, Programmier-Pattern:* Man einigt sich auf bestimmte Formatierungen und »Formulierungen« im Programmcode.
Das ermöglicht es, die Arbeit anderer Programmierer besser nachvollziehen zu können und insbesondere bei der Integration von fremdem
Code weniger Fehler zu machen.

- *Module und Bibliotheken:* Kleine oder größere nützliche Funktionen,
die in vielen Kontexten verwendet werden können und daher als fertige Bausteine zur Verfügung stehen. Ein Entwickler bindet diesen
fremden Code in seine eigene Software ein und kann ihn (fast) genauso wie seinen eigenen Code verwenden.

- *Automatische Tests:* Was schonmal funktioniert hat, sollte nicht bei
einer Änderung an einer anderen Stelle kaputtgehen! Um dies sicher-
zustellen, gibt es in vielen Entwicklungsumgebungen die Möglichkeit, durch Tests bei jeder Änderung diese alten Fälle automatisch ab-
zuprüfen, ob sie noch so funktionieren wie sie sollen.

- *CI/CD-Pipelines, DevOps:* Kontinuierliche Entwicklung bedeutet,
dass man nicht mehr monatelang an einer neuen Version arbeitet,
sondern in kurzen Zyklen inkrementelle Verbesserungen und Er-
weiterungen seinen Benutzern zur Verfügung stellt. Damit die Programmierer sich auf die inhaltlichen Themen konzentrieren können,
werden hierdurch mechanische Tätigkeiten wie Dateien kopieren,
Abhängigkeiten prüfen, Tests durchführen etc. nach Möglichkeit
automatisiert. Der klassische Operator entfällt bzw. seine Aufgaben
werden vom Entwickler (»Developer«, daher »DevOps«) mit über-
nommen.

- *Container:* Jede Anwendung bzw. jeder wichtige Teil einer größeren
Anwendung bekommt ihr eigenes (virtuelles) System, das ausschließlich für sie eingerichtet ist. Dadurch werden ungewollte Seiteneffekte
z. B. bei Updates reduziert, da die verschiedenen Programmteile nur
die für sie notwendigen Anpassungen erhalten können.

Beim Lesen dieser Liste fällt auf, dass durch diese Auslagerung von
Komplexität die Gesamtkomplexität um ein Vielfaches steigt, siehe

Abb. 8.1 für eine pointierte Darstellung. Die ganzen Zwischenebenen, Virtualisierungen, Automatisierungen, spezialisierte Umgebungen etc. sind alles weitere Komplexitätstreiber, die einen wahren Rattenschwanz an zusätzlichen Aufwänden mit sich bringen. Allein das Aufsetzen solcher Systeme kann Wochen dauern – je nachdem, was benötigt wird, was die entsprechende IT-Infrastruktur bieten kann und wie versiert die Techniker mit diesen Technologien sind. Weiterhin können für diese Tools weitere Lizenzen erforderlich sein, die entsprechende Kosten verursachen können und ggf. notwendige Beschaffungsprozesse mit sich bringen.

Aus meiner Sicht besteht die Kunst bei dieser Thematik darin, das Verhältnis zwischen Aufwand und Nutzen zielgerichtet zu bewerten und genau die Menge an zusätzlicher Komplexität zuzulassen, die für die Vereinfachung der Aufgabenstellung gerade noch tolerierbar ist. Allerdings darf man sich hier schon auf Diskussionen mit den Entwicklern einstellen – wer sich einmal daran gewöhnt hat, obige Annehmlichkeiten zu nutzen, wird sich nur schwer mit dem Gedanken anfreunden,

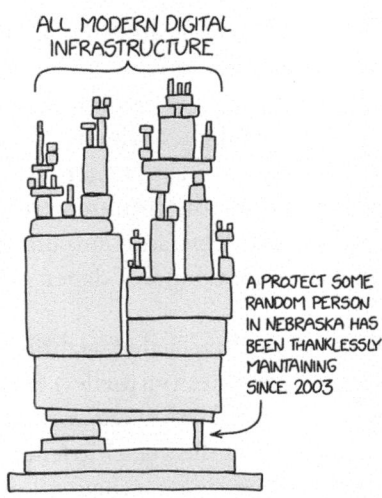

Abb. 8.1 Komplexität durch zunehmende Abhängigkeit von importiertem Code. (© xkcd.com, Randall Munroe, 2020. Creative Commons Licence, CC-NC. https://xkcd.com/2347/)

darauf zu verzichten. Ist man einmal erster Klasse geflogen, fällt der Weg zurück in die Holzklasse halt schwer!

Im obigen Beispiel des einfachen Webformulars genügt beispielsweise aus meiner Sicht ein einfacher Text-Editor, in dem man eine simple Website mit etwas JavaScript-Code (sowie ein bisschen serverseitigen Code zum Verarbeiten der Eingaben) in wenigen Minuten per Hand runterschreiben kann. Kommen nun noch interaktive Elemente hinzu, kontextsensitive Inhalte, ein Schutz vor Fehleingaben, ein ansprechendes Design, eine Benutzerverwaltung mit ausgeklügeltem Rechtesystem und Annehmlichkeiten wie weitreichende Unterstützung für Mehrsprachigkeit, so wird aus der ursprünglich halbstündigen Fingerübung für einen ambitionierten Amateur schnell ein wochenlanges Projekt für ein Team professioneller Software-Entwickler, das vom Einsatz obiger und weiterer Maßnahmen deutlich profitieren wird.

8.2.1 Sicherheit

Beim Thema IT-Sicherheit scheiden sich die Geister: Solange nichts passiert, werden alle Aufwände argwöhnisch kontrolliert, die entsprechenden Experten stehen permanent unter hohem Rechtfertigungsdruck, Maßnahmen werden als einschränkend empfunden und die Ergebnisse ihrer Bemühungen sind kaum messbar – im Vorhinein verhinderte Angriffe tauchen in keiner Statistik auf. Umgekehrt ist es so, dass ohne ausreichende Sicherheitsarchitektur viele Angriffe gar nicht erst bemerkt werden und kompromittierte Systeme teilweise erst nach Jahren zufällig als solche identifiziert werden. Mit dem Leitsatz »Augen zu und durch« fährt man scheinbar sehr lange sehr komfortabel.

Umgekehrt bricht die schiere Panik aus, wenn die IT-Sicherheit einmal versagt hat und ein Angriff erfolgreich war – wobei die schlagartig freigesetzte Energie gleichermaßen in Notfallmaßnahmen und in gegenseitigen Schuldzuweisungen zu fließen scheint. Es bewahrheitet sich mal wieder der alte Spruch: Alle Menschen sind klug – die einen vorher, die anderen nachher.

Komplexität auslagern war im letzten Abschnitt der Leitsatz bei der Softwareentwicklung. Dies macht auch vor der IT-Sicherheit nicht halt. Doch das verursacht noch eine ganz neue Klasse von Problemen: Sicherheitslücken in fremden Softwarepaketen! Meine selbstprogrammierte Anwendung wird auf einmal unsicher, weil eine Sicherheitslücke in irgendeinem Hilfsmodul auftritt, das ich vielleicht gar nicht selbst verwende, sondern das in einer meiner benutzten Bibliotheken eingebunden wird.

Auch wenn durch konsequenten Einsatz von z. B. Container-Technologien die Auswirkungen zumeist begrenzt werden können, erhöht sich dennoch die Zahl der Möglichkeiten für erfolgreiche Angriffe immens. Und ist ein Angreifer erstmal in einen geschützten Bereich wie in ein unternehmensinternes Netz vorgedrungen, bieten sich viele weitere Möglichkeiten für Angriffe. Mit dem Paradigma »Zero Trust« wird nun versucht, hier zusätzliche Sicherheit zu gewinnen, indem jedes Computersystem alle anderen Systeme als potenzielle Gefahrenquelle behandeln – unabhängig davon, ob sie sich im geschützten Bereich befinden oder nicht. Der Nachteil dabei ist natürlich wieder: zusätzliche Komplexität!

》Komplexität ist eine zentrale Gefahrenquelle: Nur ein offenes Einfallstor reicht, um das ganze System zu kompromittieren!

Eine andere populäre Alternative ist das Auslagern an die kommerziellen Cloud-Lösungen insbesondere der großen Dienstleister wie Microsoft, Amazon oder Google – bestärkt durch die Hoffnung, dass diese Technik-Giganten die größtmögliche Expertise in Sachen Sicherheit aufweisen. Die Erfahrung zeigt allerdings, dass auch diese Unternehmen von erfolgreichen Angriffen nicht verschont geblieben sind. Hier bleibt höchstens der schwache Trost, dass es vielleicht erst jemand anderen trifft, bevor man selbst ins Fadenkreuz der Cyberkriminellen gerät.

Aus dem Blickwinkel der Komplexität gilt hier aus meiner Sicht der Leitgedanke: So wenig wie möglich. Da gerade im Sicherheitsbereich möglichst alle Rahmenbedingungen kontrolliert werden müssen, sollte das Gesamtsystem so überschaubar wie möglich strukturiert sein. Die Hoffnung, dass sich ein Angreifer von einem hochkomplexen System abschrecken lässt, ist sehr gering – viel eher sind es die eigenen Sicherheits-Experten, die den Überblick verlieren. Je weniger Einfluss die Außenwelt auf die Software nehmen kann, desto sicherer kann sie gestaltet werden.

8.2.2 Effektivität

Eine möglichst umfassende Testabdeckung, also die automatische Überprüfung bei jeder Änderung im Code, ob die alten Funktionen dadurch nicht beeinträchtigt werden, stillt das tiefe Bedürfnis nach Kontrolle und Sicherheit – sowohl aufseiten der Programmierer als auch aufseiten der Projektverantwortlichen. Daher scheint jede Stunde, die in die Erstellung automatischer Tests gesteckt wird, sinnvoll angelegt – und eine unvollständige Testabdeckung eines Softwareprojekts stellt üblicherweise einen objektiven Makel dar. Bei kritischer Software, etwa bei der Infrastruktur oder der Steuerungssoftware von Fahrzeugen oder medizinischen Geräten, stimme ich dem auch nahezu uneingeschränkt zu.

Wenn allerdings bei jeder noch so popeligen Website mitunter mehr Energie in die Tests als in das Endprodukt gesteckt wird, wenn jede funktionale Änderung einen Rattenschwanz an Testanpassungen nach sich zieht und wenn die Komplexität des Gesamtsystems dadurch immer weiter gesteigert wird, tritt die eigentlich nüchtern zu betrachtende Kosten-Nutzen-Abwägung in den Hintergrund und macht Raum für eine nahezu religiös anmutende Verklärung der Autotests als gefühlter Garant von Sicherheit. Gefühlt deshalb, weil die höhere Komplexität mit der damit verbundenen höheren Fehlerwahrscheinlichkeit nicht selten dazu führt, dass in Summe mehr Fehler ihren Weg ins fertige Produkt finden.

Auch hier kann die Lösung nur lauten: Abwägen. Wie viel Komplexität soll das Endprodukt aufweisen und welcher Aufwand ist dafür nötig? Gerade zusätzliche Anforderungen wie Reproduzierbarkeit, leichte Erweiterbarkeit und eine möglichst modulare Gestaltung können wahre Komplexitätstreiber sein und liefern nachher in der konkreten Anwendung keinen echten Mehrwert.

In diese Falle bin ich selbst schon häufiger getappt: Immer mit dem Hintergedanken, Teile vom Code im Zweifelsfalle wieder verwenden zu können, habe ich große Funktionen in Teile zerlegt, abstrahiert, auf Nachvollziehbarkeit geachtet. Und was ist passiert? Als ich ein ähnliches Problem lösen musste, erwies sich die Einbettung in die alte Anwendung doch als etwas tiefergehend und das Rauslösen doch als etwas mühsamer, sodass ich das Stückchen benötigten Code dann doch lieber schnell neu geschrieben habe. Ich bin mir sicher, nicht der einzige Programmierer zu sein, der diese Erfahrung gemacht hat.

Denn es ist eine offene Frage, ob stark standardisierter, aber sehr umfangreicher Code wirklich einfacher zu übergeben ist als eine wild gewachsene, dafür aber sehr kleine und damit auch sehr übersichtliche Codebasis. Gerade mit dem Hintergedanken, dass im Zweifelsfalle Teile eh neu implementiert werden müssen, wenn beispielsweise andere Anforderungen vorliegen, für die seitens der verwendeten Programmiersprachen eventuell auch andere Lösungsmöglichkeiten bestehen.

Beim Ansatz des *Domain-driven Development* nimmt man bewusst Dopplungen und abweichende Lösungen für verwandte Probleme im Kauf, um die einzelnen Programmbestandteile (Domains) separat voneinander warten und weiterentwickeln zu können. Die Hoffnung ist, dass ein Entwickler hier weniger stark abstrahieren muss, wodurch die Wahrscheinlichkeit steigt, ein Programmbestandteil tatsächlich mal erfolgreich wiederverwenden zu können.

8.3   Paradigmenwechsel durch KI

In der klassischen Programmierung werden bekannte Probleme gelöst. Dabei werden zunächst die Gemeinsamkeiten eines Problemfeldes exakt ermittelt. Anschließend wird eine Lösungsstrategie für diese erarbeitet und umgesetzt. Dieser sogenannte Algorithmus beschreibt genau, wie die Lösung für das Problem funktioniert. Man kann in gewissen Fällen sogar mathematisch beweisen, dass ein bestimmter Algorithmus ein vorgegebenes Problem möglichst schnell oder möglichst ressourcensparend löst.

Randfälle zeigen dabei auf, bis wohin die gefundene Strategie funktioniert und wann sie endet. Die Kunst besteht also darin, seinen

Algorithmus so lange zu erweitern und zu verfeinern, bis alle im konkreten Anwendungsfall abzudeckenden Randfälle ebenfalls korrekt gelöst werden.

Verhält sich das auf dieser Basis entwickelte Programm unerwartet, so wird erst gesucht, ob der zugrunde liegende Algorithmus auch für diesen Fall spezifiziert ist. Falls ja, handelt es sich um einen sogenannten »Bug«, also einen Fehler in der Programmierung. Die anschließende Fehlersuche kann sehr aufwendig sein, da die Bandbreite der möglichen Fehlerquellen sehr hoch ist. Daher wird in der Regel akribisch das Verhalten des Programms in einem sogenannten »Debugger« Schritt für Schritt nachvollzogen, um zu merken, an welcher Stelle das Programm das erste Mal ein unerwartetes Zwischenergebnis berechnet. Die Fehlerursachen sind dabei sehr vielfältig, sie reichen von einfachen Tippfehlern über vergessene Spezialfälle bis hin zu gravierenden Fehlern in der zugrunde liegenden Logik.

Der zunehmende Durchbruch von künstlicher Intelligenz führt zu einer gänzlich neuen Herangehensweise: Das Programm wird nicht mehr mittels Abstraktion entworfen, sondern lernt durch Versuch und Irrtum das erwünschte Verhalten selbst. Mit dieser Strategie können gänzlich neue Probleme gelöst werden, die mit den alten Ansätzen nahezu unmöglich zu lösen waren, da die explizite Abstraktion außerordentlich komplex war.

>> *Früher gab der Mensch die Regeln vor und der Computer berechnete die Ergebnisse. Bei künstlicher Intelligenz gibt der Mensch das Ergebnis vor und der Computer berechnet die Regeln.*

Ein bekanntes Beispiel ist die Unterscheidung, ob auf einem Bild ein Hund oder eine Katze abgebildet ist. Dabei besteht die Schwierigkeit darin, dass nicht nur alle möglichen Blickwinkel, Hintergründe und Bildgeometrien vorkommen können, sondern auch die Begriffe »Hund«

und »Katze« eine Vielzahl von optisch teils sehr verschiedenen Lebewesen beschreiben. In der klassischen Programmierung wäre nun ein Algorithmus, also ein Regelwerk zu erstellen, das bei stumpfer Befolgung zuverlässig erkennt, ob das auf einem beliebigen Bild abgebildete Tier ein Hund oder eine Katze ist. Mit maschinellem Lernen ist diese Aufgabe ungleich einfacher zu lösen, da der Mensch nicht mehr die Regeln vorgeben muss, sondern nur noch für das Modell hinreichend viel Speicher und Rechenkapazität bereitstellen muss (je nach Bildgröße benötigt es mehrere Millionen Parameter) und es im Vorfeld mit genügend annotierten Bildern (mindestens mehrere Tausend) von Hunden und Katzen in verschiedensten Situationen trainieren muss.

Künstliche Intelligenz kann also zur Lösung von Problemen eingesetzt werden, bei denen der klassische Ansatz versagt. Hier wird kein Algorithmus angegeben, sondern das Programm errechnet sich selbst eine Art »Algorithmus« aus einer Menge aus Eingaben mit gewünschten Ausgaben.

Dieser Paradigmenwechsel führt neben dem offensichtlichen Vorteil auch zu einem nicht zu unterschätzenden Nachteil: Die Grenzen des Programms sind nicht mehr durch Analyse des Algorithmus nachvollziehbar. Daher können auch Programmfehler nicht mehr direkt behoben werden, da kein Mensch mehr überschauen kann, aufgrund welcher Entscheidungswege das Programm gewisse Fehler macht. Die einzige Alternative ist ein (zumindest partielles) Neutraining des Modells.

Wo in der klassischen Programmierung etwa durch Tests (zumindest bis zu einem gewissen Grad) sichergestellt werden kann, dass alte korrekte Funktionsweisen weiterhin korrekt arbeiten, so ist das bei der künstlichen Intelligenz nicht ohne weiteres möglich. Ein neues Training heißt eben auch, dass vorher gut funktionierende Fälle nun eventuell problematisch werden können – ein typischer Effekt einer insgesamt gesteigerten Komplexität.

Übersicht Softwareentwicklung

Phänomene:

* Ständiges Monitoring von Sicherheitsupdates erforderlich
* Zunehmendes Risiko für Inkompatibilitäten durch steigende Anzahl und Frequenz der Updates
* Weiterentwicklung und Bugfixing nur noch durch Spezialisten mit hohem Aufwand und langer Einarbeitung leistbar
* Steigender Wartungsaufwand
* Anwender verstehen die Funktionsweise und Bedienung der Anwendung nicht
* Schlechter Ruf der Software im Unternehmen, Anwender nutzen diese gar nicht oder nur widerwillig

Komplexitätstreiber:

* Viele Abstraktionsstufen, die zu erschwerter Übersicht führen
* Bibliotheken, insbesondere wenn sie unabhängig von ihrer ursprünglichen Funktionsweise genutzt werden
* Unkontrolliertes Wachstum der Codebasis
* Unterschiedliche programmatische Lösungen für ähnliche Aufgaben
* Benutzeroberflächen werden durch stetigen Zuwachs von Funktionalität aufgebläht
* Anwender möchten gewohnte Bedienkonzepte beibehalten

9

Beispiel Projektmanagement: Komplexität durchdringen und mit Bedacht einsetzen

9.1 Die Geschichte zweier High-Potentials

Projektmanagement-Kurs. Ein gutes Dutzend Kandidaten mit verschiedenen Hintergründen und Erfahrungen sitzt im Kreis in einem Schulungsraum und lauscht – mehr oder weniger andächtig – den Ausführungen des Kursleiters. Dieser führt gerade mit vielen wohlklingenden und nicht wenigen redundanten Worten aus, wie essenziell zielgerichtete Kommunikation im Projektmanagement ist. Wie Standardisierung Strukturen schafft und damit Verlässlichkeit. Dass viele Werkzeuge, hier »Tools« genannt, Schablonen sind, um Situationen im Projekt für alle Beteiligten (»Stakeholder«) nachvollziehbar darzustellen. Im Kern geht es also mal wieder um Reduktion von Komplexität durch Modellierung.

In dieser Runde sitzen auch meine Kollegin Kassandra und ich – beide promoviert, beide seit ca. einem Jahr in einer mittelständischen IT- und Unternehmensberatung tätig, beide zwar bereits Projekte im Hochschulkontext verantwortet und geleitet, aber beide mit noch relativ wenig Erfahrung im geschäftlichen Umfeld. Kurz: Sogenannte High-Potentials. Kurz und böse: Ahnungslos, aber motiviert!

© Der/die Autor(en), exklusiv lizenziert an Springer-Verlag GmbH, DE, ein Teil von Springer Nature 2024
H. G. Grohganz, *Komplexität verstehen, beherrschen, gestalten*,
https://doi.org/10.1007/978-3-662-69911-9_9

Wir mussten etwas Überzeugungsarbeit leisten, um an diesem zuge-gebenermaßen nicht ganz günstigen Kurs teilnehmen zu dürfen. Aus-schlaggebend war, dass wir beide bereits seit einigen Monaten als Pro-jektleiter tätig waren – Kassandra leitete ein firmenweites Innovations-projekt mit etlichen Schnittstellen zu wissenschaftlichen Institutionen und ich durfte das Projekt zum Variantenmanagement nicht nur inhalt-lich, sondern auch organisatorisch verantworten.

Beruhigend für uns: Im Projektmanagement sind vor allem die prak-tischen Erfahrungen ausschlaggebend. Wenn man die richtigen Schlag-worte (»Buzzwords«) nicht parat hat, kann man zwar im Lenkausaus-schuss (»Steering Committee«) die ausbleibenden Projekterfolge nicht so eloquent wegmoderieren, dafür hilft Erfahrung, gesunder Menschen-verstand und gute Kommunikation dabei, dass man erst gar nicht in diese Situation kommt.

Denn genau dieses Thema steht als nächstes auf der Agenda. Wir sollen in einer praktischen Anwendung der eben vorgestellten Kom-munikations-Tools in Partnerarbeit durch Simulation eines Gesprächs mit einem mächtigen Stakeholder üben. Wir legen los – Kassandra kennt meinen Kunden zwar nicht persönlich, das hindert sie aber nicht daran, viele kluge und kritische Fragen zu stellen. Ich merke, wie ich ins Schwimmen komme, sie hakt nach, die Schablone gibt ein wenig Sicherheit. Ich zerlege die Ziele in überschaubare Schritte, erkläre den Projektfortschritt, erläutere Risiken, stelle Gegenmaßnahmen vor. Ist mein Modell noch zu komplex, wird es gnadenlos hinterfragt. Noch einfacher, noch mehr unwesentliches weglassen, den Kern rausarbei-ten. Darauf kommt es schlussendlich an. Nach zehn Minuten bin ich durch – inhaltlich und konditionell. Kommunikation ist harte Arbeit!

Rollenwechsel. Ich spiele einen Projektsponsor ihres Projekts, den ich ebenfalls gut kenne. Im wahren Leben ein älterer Herr, sehr erfah-ren im Umgang mit schwierigen kommunikativen Situationen, dadurch ein raffinierter und schwieriger Verhandlungspartner. Ich habe mir vor-genommen, Kassandra vor allem zur Konkretisierung ihrer Projektziele zu befragen. Durch die vielen unterschiedlichen Stakeholder ist das bei ihr eine große Herausforderung – das kenne ich von vielen Situationen, in denen wir uns bereits gegenseitig bei unseren tagtäglichen kleineren Problemchen geholfen haben. Denn wie will man messen, wie weit man ist, wenn man gar nicht weiß, wohin man will?

Es geht los, ich lehne mich nach vorne – unbewusst seine Körpersprache imitierend – und spreche sie mit einer für ihn typischen Begrüßungsfloskel an. Da ich sie gerade anschaue, werde ich unmittelbar Zeuge dessen, was jetzt passiert. In diesem Moment verwandelt sich meine selbstsichere, gewitzte, ausdrucksstarke Kollegin in eine ängstliches, zitterndes, sich sichtlich unwohl fühlendes Häufchen Elend. Sie stammelt etwas von ungeplanten Mehraufwänden und rechtfertigt sich für irgendwelche Ergebnisse, die hinter ihren persönlichen Erwartungen liegen. Sie bringt nur mit Mühe einen geraden Satz heraus und ist kaum noch fähig, zielgerichtet zu kommunizieren. Nach einigen Sätzen bittet sie, die Übung abzubrechen. Dennoch ein voller Erfolg: Das Problem ist gefunden!

Gute Projektkommunikation geschieht auf Augenhöhe. Der Projektleiter muss auch gegenüber seinen Auftraggebern und Sponsoren Klarheit einfordern können, bevor er selbst das Projekt strukturiert und klar führen kann. Das war hier nicht der Fall. Obwohl unser gemeinsamer Bekannter seine Machtposition weder gewollt noch bewusst eingesetzt hat, schwang das Machtgefälle bei der Kommunikation im Projekt doch immer mit und verhinderte so, dass Kassandra ihre Rolle als Projektleiterin richtig ausfüllen konnte. Das Machtgefälle war so stark, dass es sogar im Rollenspiel noch wirkte! Sie kann zwar auf der Arbeitsebene mit dem Team etliche Auswirkungen abfangen, indem sie etwa vage Ziele konkretisiert und selbstständig einige Lücken schließt, aber die grundlegenden Konflikte in den Vorgaben kann sie nicht lösen, die sich durch widersprüchliche und sich häufig ändernde Anforderungen ergeben.

Einige Tage später kommt mir Kassandra auf dem Flur entgegen – lächelnd. Sie war gerade bei einer Unterredung mit ihrem Projektsponsor. Sie hat mit ihm konkret die Widersprüchlichkeit einiger Ziele besprochen. Viele konnten sie direkt auflösen, für die übrigen wurden zumindest konkrete nächsten Schritte geplant. Der Projektmanagement-Kurs hat sich schon in der ersten Woche bezahlt gemacht.

9.2   Elemente des Projektmanagements

Das Projektmanagement ist ein Paradebeispiel für die Beherrschung von Komplexität durch Vereinfachung und Modellierung. Denn bei aller Vielfalt möglicher Vorhaben, die in den Terminus »Projekt« gezwängt werden, geht es beim Projektmanagement im Kern immer um weitgehend standardisierten Herangehensweisen und Führungstätigkeiten, erweitert um einige Methoden und Tools sowie zielgerichtete und effektive Kommunikation.

>> *Reduziere die Komplexität deines Projektes so lange, bis du die Probleme mit gesundem Menschenverstand lösen kannst.*

Die erste Modellierung findet sich bereits in der üblichen Abfolge der Projektphasen, bei denen man typischerweise die fünf Phasen Initiierung, Definition, Planung, Steuerung und Abschluss verwendet. Diese Phasen stellen eine Strukturierung der Projektlaufzeit dar, die klar definiert, welche Tätigkeiten zu welchem Zeitpunkt im Projekt sinnstiftend sind und wo nicht. So ist eine Diskussion über Sinn und Unsinn einzelner Projektziele während der Initiierung sehr nützlich und erlaubt eine präzisere Risikokontrolle, wohingegen dieselbe Diskussion kurz vor Fertigstellung des Projekts eher als ein Störfeuer wahrgenommen wird.

9.2.1   Projektdefinition und -planung

Schon das Wort »Projektziel« ist eine Modellierung und beschreibt eine konkrete Art und Weise, wie der am Ende des Projekts erwünschte Zustand sinnvollerweise formuliert und formalisiert werden kann. Denn die Standardisierung solcher Ziele erlaubt die Analyse, die Kontrolle, aber auch die Ermittlung von Risiken z. B. durch widersprüchliche Ziele. Damit dies gelingen kann, müssen Ziele beispielsweise hinreichend präzise, messbar und aber auch realistisch formuliert werden können. Ist dies geschehen, so fallen konkurrierende Ziele besser auf und können etwa abgeändert oder gegeneinander priorisiert werden.

Das Ergebnis ist die Grundlage für die Projektverträge, welche anschließend die Rahmenbedingungen für die folgenden Phasen definieren. Auch hier können durch standardisierte Verträge typische Komplexitätsfallen reduziert werden, indem Wissen aus vorherigen, vergleichbaren Projekten mit einbezogen wird.

In der Projektdefinitionsphase werden wichtige Weichenstellungen für das Projekt durchgeführt. Im Wesentlichen kann man die gesamte Phase als eine große Komplexitätsreduktion sehen, in der die Begebenheiten der realen Welt in Bausteine des Projektmanagements übersetzt und damit beherrschbar werden. Eine zentrale Voraussetzung für die folgende Budget- und Terminplanung.

Auch die Zusammensetzung des Projektteams bzw. der Teams für die einzelnen Arbeitspakete bedient sich Methoden der Komplexitätsreduktion. Persönlichkeitstests wie der Myers-Briggs-Typenindikator oder das DISG-Modell zur Unterteilung in dominante, initiative, stetige und gewissenhafte Grundverhaltens-Tendenzen werden zwar in der Psychologie schon lange als zu sehr vereinfachend kritisiert, etwa als »Management-Esoterik« (Lau, 2013), erfreuen sich aber dennoch als Heuristik zur Teamzusammenstellung großer Beliebtheit. Das bekannte Modell von (Tuckman, 1965) zur Unterteilung der zwischenmenschlichen Dynamik in einem Team in die fünf Phasen Forming, Storming, Norming, Performing und Adjourning ist ebenfalls keine herausragende wissenschaftliche Erkenntnis. Nichtsdestoweniger werden damit tagtäglich Projektteams darauf vorbereitet, dass es nicht weiter schlimm ist, wenn man sich irgendwann in die Wolle bekommt! Orientierung geben auch die Organisationsstrukturen und vereinfachen Entscheidungswege – sowohl beim klassischen als auch beim agilen Projektmanagement.

Auch die wichtigen Umfeld- und Stakeholder-Analysen bedienen sich einfacher Modelle und klassifizieren Rahmenbedingungen anhand eines einfachen zweidimensionalen Tableaus, bei dem der Grad des Einflusses auf das Projekt und das erwartete Potenzial für Konflikte gegenübergestellt werden. Grob gesagt benötigt ein mächtiger Stakeholder, der dem

Projekt eh schon kritisch gegenübersteht, eine deutlich andere Kommunikationsstrategie als ein gutmütiger, der nur wenig Berührungspunkte mit dem Projekt hat.

❱❱ Projekt-Management ist Stakeholder-Management.

Hierbei hilft auch der im klassischen Projektmanagement unentbehrliche Phasenplan, der auf einfache und übersichtliche Art und Weise anzeigt, wie mit den vorgesehenen Ressourcen die Projektziele innerhalb welcher Zeit erreicht werden können und an welchen Stellen personelle oder technische Engpässe drohen.

9.2.2 Projektcontrolling

Bei den Zielen kann man grob drei Arten von Zielen unterscheiden: Qualitäts- oder Leistungsziele, Kostenziele und Terminziele. Im Projektmanagement werden diese meist konkurrierenden Ziele in Form des sogenannten magischen Dreiecks dargestellt, was verdeutlicht, dass maximal zwei Ziele gleichzeitig erreicht werden können – gut, günstig und schnell funktioniert fast nie, es muss immer in mindestens einer Dimension eine gewisse Kompromissbereitschaft eingefordert werden.

Dementsprechend beziehen sich die üblichen Controlling-Werkzeuge im Projektmanagement auch auf die Ecken dieses Dreiecks und stellen immer paarweise zwei dieser Ziele gegenüber. Das Ziel dabei ist immer, durch größtmögliche Vereinfachung die Situation im Projekt auf eine standardisierte und übersichtliche Darstellung zu reduzieren, die den Entscheidungsträgern weitreichende Priorisierungen und ggf. notwendige Anpassungen ermöglicht, ohne dass diese zu tief in die inhaltlichen oder technischen Details des Projekts eintauchen müssen.

In Abb. 9.1 werden die im Folgenden vorgestellten Werkzeuge graphisch dargestellt. Dabei gehen wir von einem fiktiven Projektverlauf aus, der in zweiwöchigem Abstand kontrolliert und berichtet wird. Im

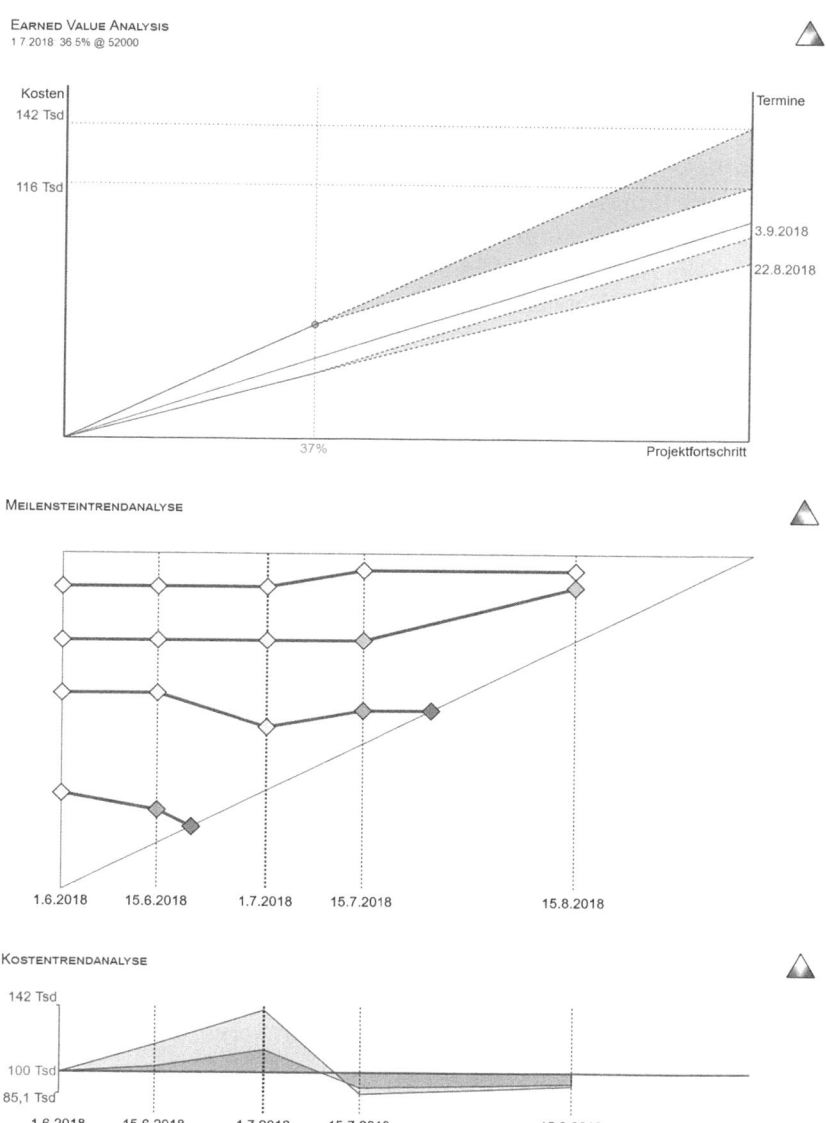

Abb. 9.1 Controlling-Instrumente im klassischen Projektmanagement. (© Harald Grohganz, 2016, All Rights Reserved. https://dev.grohganz.com/pm/)

ersten Projektmonat sind hierbei steigende Kosten zu beachten, die durch Gegenmaßnahmen Anfang Juli abgefangen und so das Projekt »in Time and Budget« zu Ende geführt werden konnte. Auf der angegebenen Website finden Sie eine interaktive Demonstration dieses Beispiels.

Die *Earned-Value-Analyse* (EVA) stellt Qualität und Kosten gegenüber: Welcher Projektfortschritt wurde erreicht und wie viel des Projektbudgets musste dafür aufgewendet werden? Dabei ist die zentrale Vereinfachung die Abschätzung des Projektfortschritts: Die bereits geleisteten und noch zu absolvierenden Tätigkeiten werden gegenübergestellt, wobei die identifizierten Projektrisiken in Form von Puffern berücksichtigt werden. Daraus wird eine Zahl zwischen 0 und 100 berechnet, die darstellen soll, wie viel Prozent der zum Erreichen der Leistungsziele notwendigen Tätigkeiten bereits erledigt wurden.

Dieser Projektfortschritt wird nun dem dafür aufwendeten Budget gegenübergestellt – wobei auch hier mitunter Anpassungen vorzunehmen sind, wenn beispielsweise eine große Startinvestition getätigt werden musste, der kein unmittelbarer Projektfortschritt gegenübersteht. Sind alle diese Anpassungen erfolgt, so kann die Diskrepanz zwischen erwarteten und tatsächlichen Kosten bei gegebenem Fortschritt (oder umgekehrt) ermittelt werden.

Weiterhin kann daraus mittels eines einfachen Dreisatzes prognostiziert werden, ob das geplante Budget ausreichend ist oder nicht – und wie hoch die Gesamtkosten ausfallen werden. Eine EVA gibt daher üblicherweise zwei Werte aus: Die optimistische Prognose für eine Rückkehr zum geplanten Kosten-Nutzen-Verhältnis und die pessimistische Variante, wenn die Abweichungen systematisch sind und auch im späteren Projektverlauf nicht abgebremst werden können.

Eine regelmäßig durchgeführte EVA ist die Grundlage für das klassische Projektcontrolling, da die so erhaltenen Hochrechnungen auch in den beiden anderen Controlling-Instrumenten verwendet werden, den Trendanalysen für Meilensteine und Kosten.

Die *Meilenstein-Trendanalyse* stellt Leistung und Terminierung gegenüber: Konnten die früher prognostizierten Termine gehalten werden oder gab es Verzögerungen? Dabei wird die gängige Darstellung der geplanten Meilensteine auf einer Zeitachse um 90° gedreht und eine zweite Zeitachse verwendet, die den Zeitpunkt der Prognose angibt.

Die konsequente Anwendung dieser Methode zeigt, ob die Meilenstein-Termine gehalten werden können. Dabei fällt beispielsweise häufig das sogenannte 90-%-Syndrom auf: Man glaubt, eine Aufgabe sei fast fertig, der Fertigstellungsgrad wird also auf »ca. 90 %« geschätzt. Beim Erledigen dieser Restarbeiten fällt aber auf, dass doch noch deutlich mehr zu tun ist und nach einigen Wochen intensiver Arbeit ist man wieder der Meinung, man sei fast fertig. Wenn sich dieses Phänomen über einige Zeit hinzieht, so ist im Meilensteintrend deutlich zu beobachten, wie ein Meilenstein synchron zum Berichtszeitraum »mitwandert« und damit ein großes Risiko für die Terminziele darstellt.

Die *Kosten-Trendanalyse* stellt schlussendlich Kosten und Termine gegenüber: Zu welchem Zeitpunkt wurden welche Kosten prognostiziert und lassen sich darauf weitere Abweichungen vorhersagen? Insbesondere hilft die Form der Analyse bei der Bewertung von Anpassungen bei der Projektsteuerung, wenn etwa eine sich anbahnende Kostenexplosion durch Korrekturmaßnahmen abgebremst oder sogar abgewendet werden kann.

Übersicht Projektmanagement

Phänomene:

- Unklare Rollenverteilungen, Zuständigkeiten und Aufgabenbereiche
- Wichtige Stakeholder fühlen sich nicht informiert
- Termine und Meilensteine werden wiederholt nicht eingehalten
- Projekt-Scope verändert sich ständig
- Erwartungen an das Projekt werden nicht erfüllt

Komplexitätstreiber:

- Parallele Workstreams
- Hoher Vernetzungsgrad zwischen einzelnen Arbeitspaketen
- Enge zeitliche und budgetäre Vorgaben
- Strenge Anforderungen an die Kommunikation
- Mischformen zwischen klassischem und agilem Projektmanagement

10

Beispiel Datenanalysen: Komplexitätsmodelle erkunden und nutzen

10.1 Eine Doktorarbeit und zwei Hobbyprojekte

Bereits in Abschn. 4.2 haben wir uns mit Daten beschäftigt und sind insbesondere auf den Unterschied zwischen strukturierten und unstrukturierten Daten eingegangen. In diesem Kapitel gibt es abweichend zu den anderen Praxisbeispielen keine konkrete Geschichte, sondern eine Vorstellung mehrerer Projekte aus den Bereichen Datenanalysen und Data Science, die ich hauptsächlich als Hobby durchgeführt habe. Auf der Website zum Buch *komplex.grohganz.com* finden Sie weiterführende Informationen zu diesen Projekten.

Die Auswertung von Informationen hat es immer schon gegeben – durch das exponentielle Wachstum bei Speichertechniken und in der Rechenkapazität hat sich dieses Feld etwa seit der Jahrtausendwende noch einmal sprunghaft weiterentwickelt. Neue Berufsfelder sind entstanden, darunter Datenanalysten und sogenannte *Data Scientists,* aber auch das gesamte Feld der Business Intelligence (BI), in dem sich die Experten insbesondere mit der inhaltlichen Auswertung von Unternehmensdaten beschäftigen. Generell ist im Umfeld sämtlicher

Datenauswertungen eine steigende Professionalisierung zu beobachten. Es gibt spezialisierte Software-Tools, Weiterbildungen und sogar ganze Studiengänge.

Alle bisherigen Beispiele in diesem Buch haben – meiner Profession geschuldet – entweder direkt (Variantenmanagement, Unternehmensplanung) oder zumindest indirekt (Programmierung, Projektmanagement) mit Daten, deren Verarbeitung und deren Auswertungen zu tun. In diesem Kapitel lege ich nun den Schwerpunkt auf solche Auswertungen selbst und zeige, in welcher Form hier Komplexität vorkommt und mit welchen Techniken sie kontrolliert werden kann.

10.1.1 Analyse von musikalischen Strukturen

Musik ist eine besondere Form der Kunst, da bei ihr die Zeit eine wichtige Komponente spielt. Sie erzählt Geschichten, wirkt unmittelbar auf unsere Empfindungen und bedient sich dabei eines komplexen Wechselspiels zwischen Neuerungen und Bekanntem. Sie bietet Vorhersehbarkeit – insbesondere bei Tanzmusik eine essenzielle Anforderung – und genügend Abwechslung, um nicht langweilig zu wirken.

Um das zu erreichen, hat die musikalische Entwicklung eine Menge von Faktoren hervorgebracht, die dem Hörer Struktur und Orientierung geben. Dazu gehört an wichtigster Stelle die Wiederholung, die auf verschiedenen Ebenen wirkt: Zum einen das regelmäßige Schlagbild des Taktes, der die Grundlage für jegliche Rhythmik gibt, zum anderen aber auch gängige harmonische Wendungen und Kadenzen sowie Motive, Themen und Melodien.

Spannung entsteht nun durch Variation – in der Dynamik, in der Rhythmik, der Instrumentierung bzw. des Gesangs, in Harmonik und Melodik. Durch diese Varianten ist die Wiederholung keine identische Kopie des vorherigen Materials, sondern eine Weiterentwicklung, die uns sowohl die Struktur des Bekannten als auch den Reiz des Neuen gibt. Übrigens: Die Unterteilung von Musik in diese Aspekte ist dabei bereits ein umfassendes Modell für die Komplexität von Musik!

Die konkreteste Form der Darstellung eines Musikstücks ist die Tonaufnahme: Eine Folge von Zahlen, Messwerte eines Mikrofons, Schallwellen. Direkt abspielbar auf einem Lautsprecher – das aufgenommene Stück wird nahezu identisch (mit Ausnahme der Raumakustik) wiedergegeben. Das bedeutet aber auch, dass sämtliche Informationen unseres Modells von Musik in dieser Abfolge aufgezeichneter Schallwellen verborgen ist.

Ein Musikstück zu klassifizieren, also einige elementare Eigenschaften zu nutzen, um generelle Aussagen über den Aufbau dieses Stücks treffen zu können, ist auf dieser Ebene erstmal nicht möglich. Daher kommt hier der erste wissenschaftliche Ansatz ins Spiel: Das Feature-Design. Ein Feature ist dabei eine Repräsentation eines Aspekts von Musik, zum Beispiel der Harmonik durch Berechnung des durchschnittlichen Schalldrucks (also der Lautstärke) pro gespielter Note. Die Komplexität des Musikstücks wird also radikal reduziert auf die Information, dass für eine Zehntelsekunden lang beispielsweise der Ton C am lautesten klingt, und anschließend die Töne E und G. Damit lässt sich durch Wissen über das Wesen unserer Harmonik schlussfolgern, dass gerade ein C-Dur-Akkord erklingt.

Solche Analysen ermöglichen mit weiteren wissenschaftlichen Methoden die Bestimmung von Ähnlichkeiten zwischen einzelnen Zeitpunkten einer Aufnahme. Damit ist es möglich, sowohl größere homogene Bereiche wie etwa Akkorde oder Tonarten als auch Wiederholungen zu identifizieren, solange die Variation durch die entsprechenden Features noch hinreichend ähnlich abgebildet werden kann. Dies bietet dann die Grundlage für das Segmentieren eines Musikstücks und damit die Ableitung der musikalischen Struktur.

Am Ende dieser Entwicklung erhalten wir eine musikalische Form – ein Modell für die Komplexität einer Komposition! Bei einem Rocksong der Beatles beispielsweise könnten dies Intro, Strophe, Refrain, Bridge und Outro sein, bei einer Beethoven-Sonate die Exposition der beiden Themen, Durchführung und Reprise, und bei Kunstliedern wie in Schuberts Winterreise die einzelnen Strophen und die Zwischenspiele.

10.1.2 Bundestagswahl-Simulator

Gänzlich andere Anforderungen an Datenanalysen stellt die Möglichkeit zur Simulation. Ausgehend von echten Daten werden die Gesetzmäßigkeiten und Abhängigkeiten in einem Modell kodiert, welches anschließend über Parameter angesteuert wird und die Originaldaten kontrolliert verändert. Eine solche Simulation habe ich im Rahmen der Diskussion über eine notwendige Anpassung des Wahlrechts für die Bundestagswahlen angefertigt und in Form einer Webanwendung veröffentlicht.

Das Wahlsystem zum deutschen Bundestag kennt Erst- und Zweitstimme. Dabei wird mit der Erststimme pro Wahlkreis ein Kandidat direkt gewählt, die Verteilung der Zweitstimmen entscheiden auf Bundesebene, wie viele Sitze auf die einzelnen Parteien entfallen. Somit hat die Zweitstimme einen deutlich stärkeren Einfluss auf die Möglichkeit zur Regierungsbildung.

In der Vergangenheit ist es zu einigen Verschiebungen durch Überhangmandate gekommen, d. h. einzelne Parteien haben mehr Mandate direkt gewonnen als ihnen nach dem Zweistimmenanteil zustehen würden. Hierdurch musste nach Urteil des Bundesverfassungsgerichts das Wahlrecht angepasst werden und dieser Vorteil durch sogenannte Ausgleichsmandate wieder egalisiert werden. Dies führte gleichzeitig allerdings zu einer ungewollten und unkontrollierbaren Vergrößerung des Bundestages, statt 598 geplanten Sitzen waren es nach der Bundestagswahl 2021 ganze 735 Sitze.

Die Komplexität des gesamten Verfahrens wird weiter dadurch gesteigert, dass die Parteien auf Ebene der einzelnen Bundesländer antreten, d. h. auch die Ausgleichsmandate müssen auf Ebene der Landeslisten berechnet werden. Das führte dazu, dass das ganze System ohne Computerhilfe nicht mehr nachvollziehbar war.

Um diese Komplexität transparent zu machen und die einzelnen Abhängigkeiten aufzulösen, habe ich das System einmal nachprogrammiert und als Webanwendung veröffentlicht. Dabei sieht man genau, welche Berechnungen im Hintergrund durchgeführt werden müssen, um am Ende die amtlichen Endergebnisse reproduzieren zu können. Beim bis

2009 geltenden Wahlrecht sind dies nur zwei Schritte: die Berechnung der bundesweiten Sitzkontingente sowie die Aufteilung auf die Landeslisten der Parteien. Beim System ab 2013 sind dagegen je nach Zählung vier bis fünf Schritte notwendig: Zunächst werden die Länderkontingente vorgegeben, danach erfolgt die Berechnung der landesweiten Sitzkontingente (nach Zweitstimmen), dann die Berechnung der tatsächlichen Sitze unter Berücksichtigung der durch die Erststimmen gewonnenen Direktmandate und schlussendlich die endgültige Sitzverteilung mit Ausgleichsmandaten pro Partei und Bundesland.

Das Modell nutzt dabei als Eingabedaten die vom Bundeswahlleiter veröffentlichten Stimmergebnisse pro Wahlkreis. Damit ist es nicht nur möglich, die alten Ergebnisse von 1994 bis 2021 bis runter auf Einzelkandidaten-Ebene nachvollziehen zu können, sondern auch die Unterschiede bei Anwendung von alternativen Wahlsystemen zu simulieren. So kann beispielsweise überprüft werden, ob sich alternative Regierungsmehrheiten hätten bilden können, wäre die Regelung zum Ausgleich der Überhangmandate nicht eingeführt worden.

Unter Berücksichtigung der Modellannahme, dass die Verteilung in den einzelnen Wahlkreisen genauso bleibt wie bei einer historischen Bundestagswahl, können auch aktuelle Umfrageergebnisse in das System eingegeben werden, um so die Sitzverteilungen gemäß der Fragestellung »Wenn heute Bundestagswahl wäre...« zu simulieren. Das System wird für einen Wahlkreis, bei dem eine Partei also doppelt so viele Stimmen geholt hat wie im bundesweiten Trend, dies auch für die simulierten Stimmen annehmen.

Zuletzt bietet diese Simulation auch noch einige Detailmöglichkeiten für eine weitere interessante Diskussionsgrundlage zur Entkopplung der Erst- und Zweitstimme, nämlich der hypothetischen Einführung eines sogenannten Grabenwahlsystems, bei dem beide Stimmen komplett voneinander vergeben werden. Die eine Hälfte des Bundestages würde über die Erststimmen nach Mehrheitswahlsystem gewählt, die zweite nach Verhältniswahl über die Zweitstimmen. Da diese radikale Änderung voraussichtlich auch zu massiven Änderungen im Wahlverhalten führen würde, besteht die Möglichkeit, in der Simulation die Erststimmen für mehrere Parteien zusammenzulegen, um so ein typisches

Zweiparteiensystem abzubilden, wie es für Länder mit reinem Mehrheitswahlsystem wie Großbritannien oder die USA typisch ist.

10.1.3 Virtuelles Frankfurter Stadtgeläute

In der Stadt Frankfurt am Main findet viermal im Jahr für jeweils eine halbe Stunde eine besondere musikalische Aufführung statt. Die zehn im Eigentum der Stadt stehenden Kirchen in der Innenstadt lassen gleichzeitig ihre insgesamt 50 Glocken läuten, und da diese musikalisch aufeinander abgestimmt sind, ergibt sich ein reizvoller Gesamtklang, dessen genaue Zusammensetzung maßgeblich vom eigenen Standort abhängt und so zu einem Spaziergang durch die Frankfurter Innenstadt einlädt.

Zur näheren Untersuchung dieses Phänomens lädt ebenfalls eine interaktive Website ein, auf der ich sowohl die Daten aller Glocken und Kirchen zusammengestellt als auch eine Möglichkeit gefunden habe, durch geeignetes »Verstimmen« echter Glockenaufnahmen einige Charakteristika der Frankfurter Kirchenglocken nachzubilden.

Die Website besteht dabei aus einer Tabelle mit allen 50 Glocken, die einzeln aktiviert bzw. deaktiviert werden können. Da die Komplexität des Gesamtklangs vor allem vom Standort, aber auch weiterer musikalischen Eigenschaften der Glocken abhängt, können diese nach mehreren Eigenschaften in Gruppen zusammengefasst und »en bloc« angesteuert werden. Auch der eigene Standort lässt sich ganz ohne körperliche Anstrengung mit einem Mausklick auf der Karte verändern. Daraufhin wird der Abstand des neuen Standpunkts zu den verschiedenen Kirchen berechnet und die Lautstärke der jeweiligen Glocken angepasst – dahinter steckt ein einfaches Modell zur Berechnung eines räumlichen Klangs. So wird ein kleines bisschen künstliche Komplexität erzeugt und zur groben Repräsentation eines in Wirklichkeit weitaus komplexeren Zusammenspiels aus Geometrie der Glockentürme, Bebauung, Bepflanzung, Wetter und vielen weiteren Umweltbedingungen verwendet, die durch physikalische und akustische Effekte Einflüsse auf den tatsächlichen Klang vor Ort haben.

Zwei Visualisierungen aus dem Repertoire des Datenanalysten stehen ebenfalls auf dieser Website zur Verfügung und zeigen einige Zusammenhänge auf eine intuitive Art und Weise auf:

Durch ein sogenanntes Gantt-Chart wird eine schnelle zeitliche Übersicht der Gusstermine sämtlicher Glocken ermöglicht, das einem beispielsweise verrät, dass nur das Domgeläute sowie einige Glocken der historischen Paulskirche den zweiten Weltkrieg unbeschadet überstanden haben und alle anderen Glocken in den 50er Jahren neu gegossen werden mussten.

Weiterhin wird die jeweils aktive Gruppierung in eine Variantenbaumähnlichen Darstellung übersetzt, um die Verteilung des Glockengewichts anzugeben. In der Standardeinstellung, bei der lediglich nach den Einzelkirchen differenziert wird, sieht man beispielsweise, dass die größte Glocke »Gloriosa« 51 % des Gesamtgewichts des Domgeläutes auf sich vereinigt und das Gewicht der zweitgrößten Glocke um mehr als das Doppelte übertrifft, wobei ihr Klang lediglich eine Quarte auseinanderliegt. Bei der Paulskirche mit ihrer »Bürgerglocke« ergibt sich dasselbe Bild.

Auf der Website zum Buch *komplex.grohganz.com* finden Sie die Links zu den hier vorgestellten Projekten.

10.2 Typische Methoden und mögliche Gefahren

Die Datenanalyse ist zunächst eine kommunikative Aufgabe. Ihr Ziel ist es, eine Frage zu beantworten oder eine Geschichte zu erzählen. Die Daten übernehmen dabei die Funktion des glaubwürdigen Zeugen, sie sind das Fundament, auf dem die Schlussfolgerungen beruhen. Ihre Aussage ist die Wahrheit, die unser Argument untermauert – oder das des anderen zu Fall bringt.

Doch Daten können mehrdeutig sein. Zufällige Gemeinsamkeiten und Korrelationen können leicht mit kausalen Zusammenhängen verwechselt werden, also das gleichzeitige Auftreten zweier Phänomene als Ursache und Wirkung interpretiert werden. Daten können als Abfallprodukt einer komplexen Welt verstanden werden – die Zusammenhänge, an denen wir interessiert sind, hinterlassen ihre Spuren in den Daten und harren scheinbar ihrer Wiederentdeckung.

Aber ganz so einfach ist es nicht. Eine Datenanalyse ist vielmehr wie eine Brille, die wir aufsetzen, oder eine Schablone, die wir anlegen.

Wir stellen Fragen an die Daten und interpretieren die Antworten. In der Terminologie dieses Buches sind die Daten vielmehr als Modell für die Realität zu verstehen – und die Datenanalyse ist ein zweites Modell, mit dem wir das erste zu vereinfachen versuchen.

>> *Bei einer Datenanalyse ist jede Schluss-folgerung daraufhin zu prüfen, ob die Daten nicht auch das Gegenteil beweisen könnten.*

Hierbei ist die Frage der Datenqualität von herausragender Bedeutung: Bereits beim Erheben der Daten etwa durch manuelle Eingaben oder Messungen, oder auch bei der Übernahme aus anderen Systemen kann es zu Fehlern kommen, ebenso wie bei der Speicherung oder bei der Weiterverarbeitung. Die Fehlerquellen sind dabei nahezu unbegrenzt und zumeist sowohl inhaltlicher als auch technischer Natur. Daher ist eine ordentliche Qualitätssicherung unabdingbar, insbesondere wenn die Daten später so verdichtet werden, dass man die einzelnen möglichen Fehlerquellen nicht mehr identifizieren kann. Gleichzeitig ist nicht jeder sogenannte Ausreißer auch ein Hinweis für ein Qualitätsproblem – alles Aspekte, die im Rahmen einer sorgfältigen Vorverarbeitung Berücksichtigung finden sollten.

10.2.1 Kennzahlen

Als erstes Modell für eine einfache Datenanalyse schauen wir uns Kennzahlen an, auch KPIs genannt nach ihrer englischen Bezeichnung »Key Performance Index«. Hierbei wird der Informationsgehalt der Daten so weit verdichtet, dass wir am Ende die relevante Information mit einem Blick erfassen können. Meistens sind es einfache Zahlen oder Anteile (d. h. Prozentzahlen), wie beispielsweise die EBIT-Marge für den Erfolg des letzten Geschäftsjahres, der Anteil des eigenen Produkts am Markt, der Performance-Index eines neuen Computersystems, die Zeugnisnote in Mathe in der 7. Klasse. Oder die Anzahl verkaufter Bücher für das Erstlingswerk eines Autors.

Solche Kennzahlen sind verlockend, sie negieren die komplette Komplexität und bilden die Realität in einer Zahl ab. Und darin liegt auch ihre große Gefahr: Einmaleffekte sind nicht als solche identifizierbar, die einseitige Optimierung auf den Testfall wird belohnt. Die generelle Entwicklung des Schülers bleibt genauso unberücksichtigt wie der Nischenmarkt für das neue Buch. Und doch sind Kennzahlen unschlagbar mächtig für unsere Geschichten – wenn wir uns bewusst sind, dass solche Zahlen oft große Teile der Wahrheit verschweigen.

Besonders mächtig werden sie hingegen im Vergleich zweier ähnlich gelagerter Situationen: Zwei Geschäftsjahre ohne Sondereffekte, zwei ähnliche Produkte im selben Marktsegment, vergleichbare Computersysteme, zwei Schüler derselben Klasse mit vergleichbaren Lebensumständen, oder eben auch zwei Bücher über Komplexität. Hier ist die Aussagekraft deutlich höher, solange sich die übrigen Umweltfaktoren auf den Vergleich höchstens geringfügig auswirken.

10.2.2 Visualisierungen

Viele Menschen ordnen sich dem visuellen Lerntyp zu – sie denken in Bildern, eine Menge reiner Zahlen bleibt ihnen weniger im Gedächtnis als eine grafische Darstellung. Daher ist die Wahl der richtigen Visualisierung entscheidend für den Erfolg einer Datenanalyse, da nur so die gewünschten Botschaften auch bei ihren Empfängern ankommen.

Die einfachste Visualisierung sind Symbole, mit denen sich Kennzahlen darstellen lassen: Ein Pfeil nach oben signalisiert eine positive Veränderung, eine Ampel zeigt auf einen Blick, ob der Projektfortschritt gefährdet ist. Die Zahl wird also übersetzt in ein Symbol, aus einer numerischen Kennzahl wird eine Kategorie wie eine Ampelfarbe oder eine Pfeilrichtung.

Generell können wir zwischen kategoriellen und numerischen Werten bzw. Kennzahlen unterscheiden, wobei es auch Zwischenstufen geben kann. Kategorien bedeutet dabei, dass es nur eine endliche, meist überschaubare Menge verschiedener Werte gibt, die keine natürliche Reihenfolge aufweisen müssen. Oftmals sind dies Bezeichnungen wie z. B. Wohnorte, Marktsegmente, Abteilungen oder Länder, es können aber auch Zahlen sein wie beispielsweise Altersgruppen. Numerische Werte können entweder segmentiert vorliegen (etwa in Form gerundeter Werte) oder kontinuierlich, also beliebig fein aufgelöst. Dabei sind auch sämtliche Mischformen denkbar, etwa bei Währungs- oder Größenangaben.

Sollen mehr als nur eine Handvoll Kennzahlen dargestellt werden, kommen Kreis- oder Tortendiagramme sowie Histogramme ins Spiel. Die Daten werden hier nach einer kategoriellen Eigenschaft aufgesplittet – beispielsweise wird eine Probandengruppe nach Geschlecht oder nach Altersgruppen segmentiert. Auch Balken-, Säulen- und Liniendiagramme zeigen eine Kennzahl in Abhängigkeit von einer Segmentierung an, zum Beispiel der Wert eine Aktie über die Zeit (numerisch) oder durchschnittliche Margen nach Marktsegmenten (kategoriell). Durch Fehlerbalken können Säulendiagramme für numerische Werte noch um einfache statistische Kennzahlen wie Mittelwerte und Abweichungen oder Quantile erweitert werden – hierbei ist darauf zu achten, dass es sehr große Unterschiede in den Verteilungen der zugrunde liegenden Einzeldaten geben kann, die dennoch dieselben statistischen Kennzahlen aufweisen und daher in einem solchen Diagramm gleich dargestellt werden.

Die nächste Stufe sind zweidimensionale Darstellungen wie Punktwolken (sogenannte Scatter-Plots, für numerische Eigenschaften) und Matrixdarstellungen (meist für Kategorien). Hier wird die Datenmenge nach zwei Dimensionen segmentiert, ein bekanntes Beispiel dafür ist die Risikomatrix aus dem Projektmanagement mit den Dimensionen Eintrittswahrscheinlichkeit und Tragweite eines Projektrisikos. Auch die bereits erwähnten BCG-Matrizen und SWOT-Analysen fallen in diese Gruppe. Durch Einfärbungen lässt sich sogar noch eine kategorielle dritte Dimension hinzunehmen, sofern diese über wenig genug Ausprägungen verfügt, um die Farben noch unterscheiden zu können.

Eine Besonderheit von zweidimensionalen Darstellungen sind Geovisualisierungen. Diese stellen auf sehr anschauliche Art und Weise Kennzahlen dar, die sich auf eine geographische Verteilung beziehen – beispielsweise nach Ländern oder Regionen, aber auch nach einzelnen Häusern oder Flurstücken. Dabei ist zu bedenken, dass hier visuell die entsprechenden Flächen, ihre Positionen und Größen eine zentrale

Rolle spielen. Aspekte wie Bevölkerungsdichte sind auf den ersten Blick nicht ersichtlich, was leicht zu Fehlschlüssen führen kann. Ein Beispiel hierfür sind die Wahlen in Amerika auf Ebene der Counties oder der Bundesstaaten, bei denen die dünn besiedelten ländlichen Regionen das Gesamtbild dominieren, obwohl möglicherweise die städtische Bevölkerung signifikant anders abstimmt und somit die wahren Mehrheitsverhältnisse deutlich von dem durch die Kartendarstellung suggerierten Verhältnissen abweichen können.

Es existiert eine Vielzahl weiterer Visualisierungen meist für sehr spezielle Anwendungen. Etliche von diesen basieren auf mathematischen Graphen, also einer Anordnung von Punkten in einer Ebene und dazwischen befindlichen Verbindungslinien. Beispiele hierfür sind etwa Fluss- und Sankey-Diagramme sowie Entscheidungs- und Variantenbäume. Diese haben gemein, dass die räumliche Darstellung durch inhaltliche Anforderungen gegeben sind und es oft mehrere Arten der Darstellung für denselben Sachverhalt gibt, die jeweils zu anderen Interpretationen einladen, für ein konkretes Beispiel siehe Abb. 10.1 sowie die Begleitwebsite zum Buch. Bei diesen hochspezialisierten Darstellungen ist besondere Sorgfalt bei der Erstellung vonnöten, damit die Visualisierung die gewünschte Geschichte am Ende auch wirklich gut untermauert und die eigenen Schlussfolgerungen unterstützt.

» Visualisierungen transferieren Daten-Komplexität in ein anderes Medium: Sie können komplexe Sachverhalte vereinfachen oder triviale verkomplizieren.

Alle Visualisierungen haben gemeinsam, dass nicht unendlich viele Daten auf einmal dargestellt werden können. Als Richtwert kann man annehmen, dass Menschen im Schnitt etwa sieben verschiedene Dinge noch auf einen Blick erfassen können, also auch maximal sieben Kategorien. Bei diskreten Werten sind auch größere Mengen möglich, solange ihre natürliche Reihenfolge eingehalten wird – oftmals genügt allerdings eine grobe

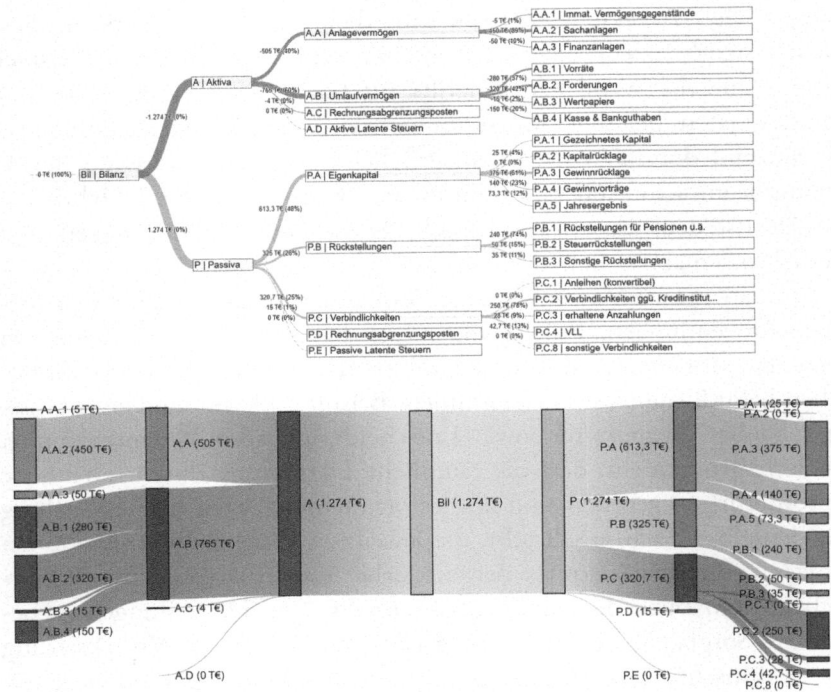

Abb. 10.1 Zwei Visualisierungen einer Bilanz: Oben als Variantenbaum-ähnliche Darstellung, unten als Sankey-Diagramm. (© Harald Grohganz, 2024. All Rights Reserved)

Diskretisierung, beispielsweise eines Altershistogramms in zehn grobe Altersstufen (z. B. in Lebensjahrzehnten) statt eines umfangreicheren Diagramms mit einer einzelnen Stufe für jedes Lebensjahr. Eine sinnvolle Reduktion und geschicktes Zusammenfassen ist somit die Voraussetzung für leicht verständliche und damit gute Visualisierungen.

10.2.3 Auswertungen, Dashboards und Cockpits

Eine weitere wichtige Komponente einer erfolgreichen Datenanalyse ist die Wahl der richtigen Aufbereitung. Der erste Schritt ist dabei oft eine einmalig durchgeführte, ggf. manuell optimierte Auswertung mit anschließender Präsentation, etwa in Form einer Infografik oder eines Folienvortrags. Die Datenanalyse dient hier mehr als Beiwerk zu der erzählten Geschichte, sie spielt die Rolle des Akzeptanz-Zeugen für die eigenen Schlussfolgerungen. Dabei haben sich flüssige, lockere Darstellungen empfohlen, gerne erweitert durch kreative Gestaltungselemente wie Icons und illustrative Bilder. Diese geben den Zuschauern Orientierung und sprechen die kreative und die logisch denkende Hirnhälfte gleichermaßen an.

Ein Nachteil dieser Art der Präsentation ist der zusätzliche Aufwand, der bei jedem neuen Berichtszeitraum auf Neue anfällt. Dieser sorgt dafür, dass die aktuellen Informationen meist nur jedes Quartal, schlimmstenfalls sogar nur jedes Jahr geteilt werden.

Abhilfe schafft ein sogenanntes Dashboard. Hier werden die aktuellen Zahlen im Hintergrund selbstständig aktualisiert. Ebenso können die Nutzer selbst teilweise die Kontrolle über die Auswertungen übernehmen, beispielsweise durch das Setzen von Filtern, das Austauschen segmentierender Attribute oder sogar durch das Ändern der Visualisierungsart. Der Zuhörer des Folienvortrags wird hier zum aktiven Teil der Auswertung, er kann selbstständig Alternativen ausprobieren, Vergleiche anstellen, Thesen aufstellen, kontrollieren und diese direkt bestätigen oder verwerfen. Er wird vom passiven Konsumenten in die Rolle des aktiven Analysten versetzt. Vor einigen Jahren wurde diese Herangehensweise mit dem Schlagwort »Citizen Data Scientist« beworben, für die nächste Zeit wird hier ein stärkerer Einsatz der immer mächtiger werdenden künstlichen Intelligenz vorhergesagt.

Ein großer Vorteil neben der höheren Flexibilität in den inhaltlichen Auswertungen sind auch die fließenden Übergänge zwischen mehreren betrachteten Situationen, etwa durch einen dynamischen Wechsel zwischen dem aktuellen Wirtschaftsjahr und dem Vorjahr. Bewegungen können Menschen evolutionär viel besser wahrnehmen als zwei statische Bilder nebeneinander – auch so kann ein Dashboard zu einem deutlich intuitiveren Verständnis der relevanten Faktoren beitragen.

Zwei Nachteile der Dashboards dürfen dabei nicht unberücksichtigt bleiben:

- Durch die größere Freiheit bei der Auswertung muss in der Daten-
  aufbereitung und beim Entwurf des Dashboards stark darauf geachtet werden, dass Fehlinterpretationen möglichst ausgeschlossen werden. Dies ist bei einem statischen Vortrag naturgemäß deutlich leichter realisierbar als bei einem Tool, das eine möglichst freie Analyse
  ermöglichen soll.
- Weiterhin sind die regelmäßigen Aktualisierungen der zugrunde liegenden Daten ein großer Unsicherheitsfaktor, da durch Fehleingaben
  oder technische Probleme in den Erfassungs- oder Aufbereitungssys-
  temen die Auswertungen empfindlich gestört oder sogar komplett
  unmöglich gemacht werden können. Hier können sogenannte »Qua-
  lity Gates« dafür sorgen, dass nur Daten ins System geladen werden,
  die den reibungslosen und korrekten Betrieb nicht gefährden. Können keine korrekten aktuellen Daten empfangen werden, so sind die
  Benutzer entsprechend darüber zu informieren, dass sie auf einem
  alten Datensatz arbeiten.

Ein stabil laufendes Dashboard ist ebenfalls die Grundlage für die Integration mächtiger Simulationsmöglichkeiten. Die den Daten innewohnenden Regelmäßigkeiten werden als Modell abgebildet und können
anschließend beispielsweise durch vom Benutzer steuerbare Parameter
verwendet werden, um Szenarien durchzuspielen und alternative Herangehensweisen auszuprobieren. Aus den Daten können so Informationen gewonnen werden, die anschließend eine Grundlage für mögliche
Optimierungen bilden.

Als letzten Schritt kann das Dashboard sogar für einen entsprechend
berechtigten Personenkreis zu einem vollintegrierten Daten-Cockpit
ausgebaut werden. Dies beschreibt eine zentrale Schaltstelle, in der
aus den Daten gewonnene Informationen direkt aus dem System heraus zur Anpassung von zentralen Geschäftsparametern beispielsweise
in der Produktion oder Logistik verwendet werden können. Dies setzt
neben den entsprechend hoch zu priorisierenden Sicherheitsvorkehrun-
gen sowie den fachlichen und technischen Absicherungen gegen mögliche Fehleingaben eine nahtlose Integration mit den anderen Systemen im Unternehmen voraus. Die Rollen des Datenanalysten und des

strategischen Entscheiders verschmelzen hier und ermöglichen so ein echtes datenbasiertes Unternehmertum.

Schlussendlich sind alle diese Methoden und Softwaresysteme nichts anderes als Werkzeuge für den Umgang mit Komplexität: Die (statische) Datenanalyse trägt dazu bei, die notwendige Transparenz zu schaffen und die Komplexität zu verstehen. Das Dashboard vermag die Modellierung von Sachverhalten zu ermöglichen und ist somit eine Grundlage dafür, Komplexität zu beherrschen. Und mit einem guten datenbasierten Cockpit, das direkt mit den steuernden Systemen im Unternehmen vernetzt ist, rückt es sogar in den Bereich des Möglichen, Komplexität zu gestalten.

Übersicht Datenanalysen

Phänomene:

- Viele mögliche Visualisierungen und Darstellungsformen
- Teilweise sehr große Datenmengen
- Nutzung von Daten notwendig, die ursprünglich für andere Zwecke erhoben wurden
- Mehrere Flugebenen nötig, von Entscheidungsvorlagen für das Management bis hin zur detaillierten Ursachenforschung für die Fachabteilungen
- Hohe Gefahr für Fehlinterpretationen bei zu starker Vereinfachung

Komplexitätstreiber:

- Inhomogene Datenstrukturen, die Konvertierungen und Anpassungen erfordern
- Zusammenführung mehrerer Datenquellen
- Wünsche und Möglichkeiten zur Anbindung oder Integration zusätzlicher Daten
- Mehrere Zielgruppen mit verschiedenen Zielsetzungen benötigen harte Priorisierung
- Notwendigkeit zur ständigen Anpassung durch rasanten technischen Fortschritt
- Analysewerkzeuge können selbst eine hohe technische Komplexität aufweisen

Fazit und Nachwort

Komplexe Systeme sind allgegenwärtig und begegnen uns in vielerlei Formen. Die Komplexität beschreibt dabei zunächst nur gewisse Eigenschaften eines Systems, etwa dass es unvorhersehbar ist und über nicht-lineare Wechselwirkungen mit seiner Umgebung in Verbindung steht. An vielen Stellen ist ein Mindestmaß an Komplexität sogar notwendig. Problematisch wird die Situation erst dann, wenn zu hohe Komplexität zu Kontrollverlusten führt, Menschen verunsichert und weitere negative Auswirkungen wie Kostenexplosionen oder Qualitätseinbußen mit sich bringt.

Durch Komplexität verursachte Probleme zu lösen, indem wir die Komplexität bagatellisieren oder ignorieren, wird auf Dauer nicht funktionieren. Stattdessen können wir schrittweise die Kontrolle zurückgewinnen, etwa durch die Strategien »verstehen – beherrschen – gestalten«. Das zentrale Tool hierfür ist die Modellierung, bei dem wir die relevanten Faktoren eines komplexen Systems in ein einfaches System überführen. Die Vielfalt der vorgestellten Modelle konnte hoffentlich dazu beitragen, Ihre Vorstellungskraft für mögliche Modelle und ihre Zwecke zu erweitern!

Komplexität kann auch auf vielfältige Art bewusst eingesetzt und selbst gestaltet werden. Im geschäftlichen Umfeld sind Wettbewerbsvorteile damit verbunden, die Komplexität eines Unternehmens ist Stärke und Schwäche zugleich! Der Kern unserer Wertschöpfung, unsere Geschäftsgeheimnisse, unsere Marktnischen – all das sind Punkte, bei denen uns unsere Komplexität und ihre Beherrschung gegenüber der Konkurrenz einen Vorteil verschaffen. Die Kehrseite der Medaille sind gewachsene Strukturen, ineffiziente Prozesse und lang überholte Glaubenssätze. Beim Kampf gegen diese unerwünschten Folgen helfen strukturierte Ansätze, Transparenz zu erzeugen und Optimierungen anzugehen.

Die Beispiele aus der unternehmerischen Praxis – vom Variantenmanagement über Planungsprozesse bis hin zum Projektmanagement – zeigen auf, dass auch die Digitalisierung Licht- und Schattenseiten hat: Einerseits hilft sie, die Komplexität analoger Prozesse zu beherrschen, indem manuelle und repetitive Arbeiten durch Softwarelösungen deutlich vereinfacht und reduziert werden. Andererseits führen neue digitale Möglichkeiten zu einem mitunter sprunghaften Anwachsen der Gesamtkomplexität, sodass uns die Kontrolle immer wieder zu entgleiten droht und wir ständig mit neuen Systemen, neuer Software und neuen Technologien nachziehen müssen. Diesen Teufelskreis zu durchbrechen kann nur mit radikaler Vereinfachung gelingen – bei der wir darauf achten müssen, nicht unsere Wettbewerbsvorteile zu gefährden!

Hier kann das Denken in Visionen einen Ausweg bieten: Visionen helfen uns, den hinter der Komplexität verborgenen Sinn wieder in den Fokus zu rücken. Sie befähigen uns, zu erkennen und zu unterscheiden, was für uns und unser Unternehmen wirklich wichtig ist und was nur noch komplexer Ballast. Sie führen uns aus der Komplexitätsspirale hinaus und erlauben disruptive statt gradueller Veränderungen. Daher lasst uns nicht nur ausgehend vom Status Quo den nächsten Schritt planen, sondern umgekehrt vom Ende her denken, unser ganz großes Ziel definieren und uns dann daran machen, die Welt so zu gestalten, dass dieses Ziel auch Wirklichkeit werden kann!

Literatur

Box, G. E. (1979). Robustness in the strategy of scientific model building. In R. L. Launer & G. N. Wilkinson (Hrsg.), *Robustness in statistics* (S. 201–236). https://doi.org/10.1016/B978-0-12-438150-6.50018-2.

Dittes, F.-M. (2021). *Komplexität. Warum die Bahn nie pünktlich ist.* Springer. https://doi.org/10.1007/978-3-662-63493-6.

dpa. (20. November 2023). *»Tendenz zu Mikromanagement«: Bürokratie-Belastung erreicht Rekordniveau.* Abgerufen am 20. November 2023 von WirtschaftsWoche: https://www.wiwo.de/29511812.html.

Feess, E. (19. Februar 2018). *Komplexität.* Abgerufen am 18. Mai 2024 von Gabler Wirtschaftslexikon: https://wirtschaftslexikon.gabler.de/definition/komplexitaet-39259/version-262672.

Fisher, R., Ury, W., & Patton, B. M. (1984). *Das Harvard-Konzept. Der Klassiker der Verhandlungstechnik.* Campus.

Haberstock, P. (01. Oktober 2020). *First Principle Thinking.* Abgerufen am 18. Mai 2024 von Gabler Wirtschaftslexikon: https://wirtschaftslexikon.gabler.de/definition/first-principle-thinking-123085/version-380848.

Huff, D., & Geis, I. (1993). *How to lie with statistics* (Reissue). W W Norton & Co Ltd.

Lau, V. (2013). *Schwarzbuch Personalentwicklung. Spinner in Nadelstreifen.* Steinbeis-Edition.

Mercedes-Benz AG. (22. Dezember 2014). *Silberpfeile*. Abgerufen am 22. März 2024 von https://www.mercedes-benz.com/de/innovation/meilensteine/mercedes-benz-silberpfeile/.

Peter, B. (2021). *Einführung in die Heraldik*. Abgerufen am 18. Mai 2024 von Kunst und Kultur der Wappen: http://www.welt-der-wappen.de/Heraldik/seite38.htm.

Rau, J. (8. Dezember 1999). *Rede von Bundespräsident Johannes Rau*. Abgerufen am 20. Juni 2024 von Der Bundespräsident: Reden und Interviews: https://www.bundespraesident.de/SharedDocs/Reden/DE/Johannes-Rau/Reden/1999/12/19991208_Rede2.html.

Schuh, G. (2017). *Produktkomplexität managen: Strategien – Methoden – Tools (3., vollständig* (überarbeitete). Hanser.

Schulz von Thun, F. (1981). *Miteinander reden. Band 1: Störungen und Klärungen. Psychologie der zwischenmenschlichen Kommunikation*. Rowohlt.

Sinek, S. (2011). *Start with why: How great leaders inspire everyone to take action* (Reprint). Penguin Publishing Group.

Singh, S. (2001). *Geheime Botschaften. Die Kunst der Verschlüsselung von der Antike bis in die Zeiten des Internet*. Deutscher Taschenbuch Verlag.

Stampfl, N. S. (2016). *Die verspielte Gesellschaft (TELEPOLIS). Gamification oder Leben im Zeitalter des Computerspiels*. Verlag Heise.

Tuckman, B. W. (1965). Developmental sequences in small groups. *Psychological Bulletin, 63*(6), 384–399. https://doi.org/10.1037/h0022100

Urner, M. (2019). *Schluss mit dem täglichen Weltuntergang. Wie wir uns gegen die digitale Vermüllung unserer Gehirne wehren*. Droemer Knaur.

Wikimedia Foundation. (30. April 2014). *Informationsexplosion*. Abgerufen am 18. Mai 2024 von Wikipedia: https://de.wikipedia.org/wiki/Informationsexplosion.

Zengler, C. (2014). *New Formal Methods For Automotive Configuration*. Tübingen: Dissertation. Retrieved from https://ub01.uni-tuebingen.de/xmlui/handle/10900/57630.

|

GPSR Compliance

The European Union's (EU) General Product Safety Regulation (GPSR) is a set of rules that requires consumer products to be safe and our obligations to ensure this.

If you have any concerns about our products, you can contact us on ProductSafety@springernature.com

In case Publisher is established outside the EU, the EU authorized representative is:

Springer Nature Customer Service Center GmbH
Europaplatz 3
69115 Heidelberg, Germany

The manufacturer's authorised representative in the EU is Springer
Nature Customer Service Centre GmbH, Europaplatz 3, 69115 Heidelberg,
Germany. If you have any concerns regarding our products, please
contact ProductSafety@springernature.com

Printed and bound by CPI Group (UK) Ltd, Croydon, CR0 4YY
28/04/2026
02098538-0012